# 初中体育训练理论与方法

吴 鹏／主编

中国出版集团 现代出版社

**图书在版编目(CIP)数据**

初中体育训练理论与方法 / 吴鹏主编. — 北京：现代出版社，2021.3

ISBN 978-7-5143-9124-4

Ⅰ.①初… Ⅱ.①吴… Ⅲ.①体育课－教学研究－初中 Ⅳ.①G633.962

中国版本图书馆CIP数据核字（2021）第053384号

# 初中体育训练理论与方法

| | |
|---|---|
| 作　　者 | 吴　鹏 |
| 责任编辑 | 张　璐 |
| 出版发行 | 现代出版社 |
| 地　　址 | 北京市安定门外安华里504号 |
| 邮政编码 | 100011 |
| 电　　话 | 010-64267325　64245264 |
| 网　　址 | www.1980xd.com |
| 电子邮箱 | xiandai@cnpitc.com.cn |
| 印　　制 | 北京政采印刷服务有限公司 |
| 开　　本 | 710mm×1000mm　1/16 |
| 印　　张 | 11 |
| 字　　数 | 176千 |
| 版　　次 | 2022年4月第1版　2022年4月第1次印刷 |
| 书　　号 | ISBN 978-7-5143-9124-4 |
| 定　　价 | 45.00元 |

当前，随着体育科学的不断发展，体育科学体系中的新科学相继出现，运动训练学正是众多新生体育科学中的重要一门。运动训练理论从问题提出，到初步成果形成，再到推广、应用、提升和发展的历程，引起了我国体育教育领域的广泛关注，这在一定程度上也反映出我国对体育科学发展的重视以及对全面提升国民运动素质的迫切需要。而初中体育教育作为我国基础教育的重要组成部分，强化初中生体育教学效果，加强初中生身体素质和技术素质，也是全面提高国民运动素质的重要一环。

本书正是基于运动训练原理与现代运动训练的相关理论，对初中体育运动训练的内容及方法进行探究。由于运动训练的相关理论是体育运动训练有效施行的重要保障，所以本书开篇就对运动训练学的相关概念及运动训练中的运动负荷、周期性进行了介绍。而后又对现代体育运动训练的原理、方法以及过程监控与管理进行了简要描述，并由此引出初中学生的身体素质训练、初中学生的运动技术训练以及初中体育教学中的各类运动项目训练的相关内容。本书意在通过对初中体育运动素质训练的全面探究，为广大从事体育教育和进行体育训练的相关人员提供一些有效的运动教学方法与训练方法。

在本书的撰写过程中，笔者参阅了大量的相关著作和文献，在参考文献中未能一一列出，在此向相关著作和文献的作者表示诚挚的感谢与敬意，同时也请对编写工作中的不周之处予以谅解。由于编者水平有限，编写时间仓促，书中难免会有疏漏不妥之处，恳请专家、同行不吝批评指正。

作 者
2021年1月

第一章

# 运动训练概论

# 第一节　运动训练概述

## 一、运动训练的概念

训练这个词在不同的场合有不同的含义。生理学家把所有能产生机能和形态适应、使机体发生变化，从而提高身体机能的身体负荷都称为训练。从这一意义上讲，体力劳动也可以说具有训练的特点，因为体力劳动能引起对训练的适应。生理学家把提高神经—肌肉—协调能力，即学会和完善动作的过程称为练习，把提高能力的效果称为练习效果。

一般来说，现在任何一种有组织的、旨在快速提高人的身体、心理或技术、运动能力的活动都可以称为训练。在体育范畴内，运动训练一般是指运动员为夺取最好运动成绩所做的准备。运动训练这一概念有广义和狭义两种解释。从狭义方面来解释，运动训练是借助身体练习，即身体负荷所进行的身体、技术、战术、智力、心理和道德等方面的准备。这一解释可以从耐力训练、力量训练、训练方法、间歇训练、训练状态等概念中找到根据。从广义方面来解释，运动训练是指运动员为夺取最好的运动成绩所做的有准备计划的全过程。总之，运动训练是指运动员根据科学，特别是有计划的、系统的、为提高竞技能力和竞技准备、夺取某一运动项目最好成绩而努力奋斗的全过程。

初中生的运动训练只有遵循训练和思想教育相结合的原则，并采用各种不同的形式和手段才能日臻完善。训练的主要形式是通过身体练习（指狭义的训练与比赛）给身体以负荷。此外，完善的运动训练必不可少的形式和手段还有讲解技术、战术、训练方法，提高文化能力的理论课，有目的地观察比赛，以及以评定训练与比赛为主的小组讨论会等。最后还必须指出，生理和心理疗法以及饮食措施也日益成为训练的一个组成部分。除训练外，还可以运用其他多种教育形式和手段使初中生全面发展，进而为提高运动成绩服务。

## 二、运动训练的目的及任务

### （一）运动训练的目的

运动训练的目的是使学生为夺取最好运动成绩进行准备。在完成由此而产生的任务的过程中，促进学生的全面成长，尤其是思想觉悟的提高。整个训练过程都要为此目的服务。由于训练对身体、心理和智力的要求很高，在训练过程中可提高学生的能力、技巧和素质，所以，运动训练对学生未来的社会实践具有重大意义，是增强体质的最有效的形式。

运动成绩主要取决于竞技能力和竞技准备。竞技能力有赖于学生的身体能力、技术和战术的熟练性、智力以及知识和经验。竞技准备指学生对体育活动以及训练和比赛要求所持的态度。加强竞技准备的重要前提是对学生进行思想教育。学生积极准备，力争取得优异的运动成绩，这是政治思想逐渐成熟的一个重要标志。

教育学把所有主要用于提高竞技能力的教育过程称为业务教育过程，把主要用于提高竞技准备的教育过程称为思想教育过程。在训练过程中，业务教育和思想教育是不可分割的，必须有意识地利用它们之间相辅相成的关系。

### （二）运动训练的任务

#### 1. 身体训练

身体训练的主要内容是提高身体能力，特别是耐力、力量、速度和柔韧性。这些能力总称为身体素质，是高度竞技能力的决定性前提。这同样适用于以运动技术作为比赛评分标准，或者比赛成绩主要取决于对全面而复杂的技术、战术掌握的熟练程度的运动项目，如球类运动以及一对一的对抗性运动。

身体训练必须以提高专项身体能力为主，其基础是一般身体竞技能力和健康的身体，这就要求训练大纲中除了比赛性练习外，还要有一般的身体练习和专项练习。

#### 2. 技术、战术训练

合理的技术是运用身体能力的保证，在技术训练过程中，学生必须在比赛的专门条件下学习和巩固技术。随着力量、耐力和速度的提高，学生必须向更高的技术水平迈进。因此，身体训练和技术训练总是互相联系在一起的。与此同时，必须进行灵巧性、熟练性等协调能力的训练，因为这是较好地运用技术的前提。

技术、战术训练是不可分割的整体。技术熟练性是战术行动的基础，技术熟练性必须结合特定战术形势下的灵活运用来加以提高，学生必须在初学技术时就自觉地这样做。

### 3. 智力训练

竞技体育对智力的要求不断提高。学生必须高度独立地进行训练，必须在竞技水平和密度不断提高的情况下创造性地实现战术方案，能和大家一起努力不断提高运动技术、评定自己的训练等。这一切都要求学生不断增长运动训练学各个方面的知识，并能创造性地运用到训练和比赛中去。因此，智力教育是训练的一个组成部分，教师必须大力加强对学生这一能力的训练。

### 4. 思想教育

思想教育有许多不可分割的方面需要考虑。首先，运动训练对学生全面发展的培养具有重要意义，而学生的思想觉悟和道德品质对完成与克服训练、比赛中的任务和困难又起到决定性作用。其次，积极参加竞技体育活动和加强竞技思想准的高尚动机也包含在思想觉悟与道德品质中。因此，思想教育是教师以及所有从事竞技体育的工作人员教育工作的核心。在进行义务教育的同时，还要密切结合学生的专项比赛的需要，发展他们的道德品质和心理素质，使他们能够专心致志地、不屈不挠地、顽强地、自觉地进行训练。其中，集体主义思想和行动的教育在这方面占据特别重要的位置。最后，教师还应和其他教育工作者紧密合作，在训练过程中对学生进行精神、艺术、美学和文艺等方面的教育。总而言之，训练过程中的思想教育应针对性地提高学生的觉悟，使之自觉地以高度的纪律性和热情，积极投入训练和比赛，以各方面的优良行为成为爱好体育的青少年和所有学生的楷模。

# 第二节 运动训练的特点与要素

## 一、运动训练的特点

第一，训练总是针对夺取某一运动项目的个人最高成绩。随着运动水平不断提高，即使是天才，也不能同时为取得最好成绩而进行几个运动项目的训练。当然，这不排除在训练中吸收其他运动项目的某些手段和方法。运动项目的专门化绝不等于可以单调训练，而应结合比赛性练习有选择地采用一些专项的和一般性练习。不过这些练习必须间接或直接地为提高所选运动项目的成绩服务。为此，必须精确地检查每一项练习的目的性，这也牵涉决定一般练习成绩的所有标准问题。这不是排斥体育的全面性原则，而是从竞技体育目的性的角度来更好地选择练习。

第二，运动训练在很大程度上来说是一个个人训练过程。运动成绩是由很多因素构成的，即使是成绩相近的学生，这些因素也有很大的差异。力量不够，可以暂时通过优异的技术得到补偿；冲刺能力差，可以暂时通过良好的耐力来弥补；技术不行，可以暂时通过特殊的斗志来加以抵消。在艰苦卓绝的比赛中，几厘米和一刹那就能决定成败与胜负。因此，关键在于善于发现和充分发挥个人的竞技潜力。对运动员的个人特点、长处和不足的地方了解得越清楚，上述效果就会越好。这一特征主要不是指训练的组织问题，并不要求学生进行单独训练。小组训练是集体主义教育的重要条件，能为充分发挥个人竞技潜力创造必要的感情基础。问题在于小组训练时必须充分重视个人特点。这既关系到负荷问题，又关系到因人制宜的思想教育措施问题，以及比赛的选择和次数等问题。关于训练的组织问题应遵循这一原则：尽可能集体进行，如有需要，也可以进行单独训练。

第三，为了充分发挥所有的身体和心理竞技潜力，必须用最大负荷进行训练。必须使学生的生活方式与体育活动的要求相适应，使其为提高运动成绩服务。因此，运动训练可以干预学生的所有生活范围，在某些时候可以占主导地位。

## 二、运动训练的要素

### （一）运动机能学

对运动原理的研究（这里是指人体的运动）称为运动机能学。要理解这个领域，需要结合其他三门学科：解剖学、生理学以及生物力学。前两门学科是研究人体的结构与功能，生物力学则是研究生命体中相关的物理学原理。举例来说，三角肌是锁骨、肩胛骨与肱骨之间的一块聚合的肌肉（解剖学），通过该肌的收缩能力，可在一定范围内活动肩关节（生理学）。在肩关节外展时，三角肌产生的力量与相邻的肩袖肌相互作用，来产生和控制运动并维持稳定（生物力学）。

### （二）静力学与动力学

理想的情况下，人体应当适应两种状态：一是维持平衡且不移动（静止）；二是不平衡且在移动（活动）。因此，生物力学可以分解为静力学与动力学两个部分。

静力学主要是研究不活动（或基本不活动）时的状态。但是，静止并不一定是指完全放松的状态，比如躺下休息时也包括动态稳定，它通过相关的组织以及非常缓慢的运动或静止姿势时的动力张力来实现。

动力学则针对的是运动时的状态。动力学研究"动态的身体"（相对快速地改变身体的状态）以及多种力量是如何发挥作用的。在身体状态发生改变时感受一下运动如何发生并持续改变，它会影响到如何活动关节并维持对自身状态的感知。

### （三）动理学与运动学

动理学的研究对象是作用于物体产生或改变运动状态的力（如重力、摩擦力及压力）。运动学则包括对运动的物理因素分析（如时间与空间）。

从动理学的角度分析，踩香蕉皮滑倒，关注的是香蕉皮与地面的摩擦力有多大；而运动学关注的则是滑倒时行走的速度以及重心下降的距离。

### （四）运动、稳定、平衡及协调

人体活动有四个基本的要素：运动、稳定、平衡及协调。我们的日常生活都需要这四个方面的精心配合。

运动，即移动的能力，当然是活动的重要方面，应予以足够的关注。然而它的搭档——"稳定"，则常常被忽略。无论是跳过跨栏还是站立不动，牢固固定或支撑都在发挥作用。由于关节与肌肉筋膜结构的灵活多变，稳定性为运动提供了拮抗作用的必要支撑。在开始下一步的移动之前，稳定已经发挥作用（稳定在运动之前），它会预估哪个部分需要加强以避免跌倒。

如果一切如常，就能维持平衡。体重的均衡分布可以保持直立和稳定，在生活的很多方面都需要获得平衡，而不仅仅是身体方面。但有一点需要注意，失衡并不总是坏事，因为有些运动没有失衡是难以完成的。

比如走钢丝。首先，双脚站在钢丝上并保持稳定，身体找到了平衡且相对静止。其次，抬起一只脚，稍向前倾斜，有意识地将身体置于稍微失衡的状态。为了避免向前摔倒，利用这一小的动能把失衡导引至下一步，然后再次获得平衡。这就是依靠神经、关节、肌肉之间的协调。

### （五）同时的及序贯的运动

如果想感受同时的运动，就去滑滑板。身体的全部肌肉几乎都在同时运动。如果不小心摔倒了，要想从地上爬起来，就需要更常见的运动方式：序贯的运动。它是通过一系列的更小的铰接动作完成的一个运动。在这个例子中，从地上站起来，会首先弯曲脊柱（它一个关节接一个关节），然后蜷曲至膝部，接着屈髋、伸膝至直立状态。同时，足踝、手腕、肘部和肩部都将在需要时参与其中。因此，这"一个"运动包括了全身关节协调的一条活动链。

### （六）运动模式及动力链

人体的运动很少只由一个关节或肌肉来控制。日常的运动都是进化成熟的、十分熟练的运动模式。人体的活动是将多组关节、肌肉有序地联系起来并产生想要的动作。例如，收拾餐具的时候，从一边走到另一边，把盘子放回柜子里。如果经常做家务，则这些动作很简单并顺利通过臀部、腿部和足部完成。

一个运动模式可预测的次序称为动力链。它是一系列关节通过沿运动线路排列的肌肉与骨骼连接而成的。在动力链内部还有一个关节链、一个肌筋膜链和一个神经链。这三个链条共同作用，完成了人体的运动。比如，一名棒球运动员在打球时会使用全部三条动力链：关节链、肌筋膜链、神经链，把力量从足部传递到击球的手部。他把力量、柔韧度、活动度从足趾、下肢、腕部、重心线、躯干、上肢传递到指尖，而后完成兼具力量与精度的发球。在这个链条上，有任何的障碍或松弛都会造成力量传递受损并导致动作失调。

**（七）比例、对称和代偿**

《维特鲁威人》是达·芬奇所作的著名人体画像，并且以其精准的比例与对称性著称。但是在现实生活中，普通人的身材则有矮胖、过高、超重、瘦长、腰弯等各种不尽如人意的地方。拥有完美比例及对称身材的人是很少见的。

身体设计的初衷可能是为了平衡与匀称，但结果却并不确定。解剖学教科书中都是匀称、协调的插图，但现实中却经常出现双腿不等长、肩不等高、躯干短、身体前倾或者头太大等现象。

基因遗传的变幻莫测使我们的身体两侧不会完全对称，也使运动模式包含一侧优势手、主视眼以及一些固定的习惯与行为等。

这些只是我们能看到的方面。身体内部的情况包括它自身的组织变异，比如略有不同的肌肉附着点以及筋膜结构的厚薄。这些千差万别不只是存在于身体左右两侧，也存在于不同个体之间。

那么身体将如何应对呢？事实上，就运动而言，身体做出了它能做的唯一一件事：代偿。它通过神经系统支配肌肉、筋膜与关节产生代偿动作。第一个代偿行为发生在婴儿从子宫内的液态环境来到外面的重力世界，从那时起，在内力与外力之间的折中就一直在发生着。

人们也许对"比例、对称、代偿"这些概念只有模糊的认识，但是对于一名理疗师来说，这些是至关重要的，因为客户的体形和姿势将在很大程度上影响他们如何活动以及活动度、平衡性及协调性。

# 第三节 运动训练中的运动负荷

## 一、训练负荷

运动能力主要通过运动刺激来提高，如果这种刺激能够产生训练的效果，也就是说，能够发展、巩固或保持训练状态，那么这种刺激就叫作训练负荷。

训练负荷分为外部训练负荷和内部训练负荷两种。外部训练负荷取决于训练手段、负荷量、负荷强度、适当的训练方法以及组织形式。在制订训练计划和评定训练效果时，需要从负荷量和负荷强度两个角度来考虑。而负荷量和负荷强度在一节训练课中则具体地表现为刺激强度、刺激密度、刺激时间和刺激量，另一个重要的负荷因素是训练次数。除了少数例外（特别是有些运动项目的刺激强度无法测定），一般的负荷因素都是可以测定的。因此，对外部负荷是可以做计划和进行评定的。

每一种外部负荷在身体和心理功能系统中都能引起某一种反应。这种反应叫作内部负荷，其表现形式为机体生理和生物化学变化的程度与特征，以及心理应变能力的大小。从内部负荷可以看出运动员的努力程度。内部负荷的量度和强度受外部负荷各种因素的影响。因此，人们在制订训练计划和评定训练效果时，不能只考虑总的负荷量和平均刺激强度。例如，以5米/秒的速度跑10000米，或以同样速度加4分钟休息时间跑10×1000米，或以同样速度加2分钟休息时间跑20×500米，其负荷量和刺激强度都一样，但是由于刺激密度和刺激时间不同，因而由此所产生的决定机体适应方向的内部负荷也就各不相同。因此，掌握好外部负荷的结构与内部负荷的特征之间的关系以及机体适应的方向与速度之间的关系，是训练学的一项紧迫任务。

在制订外部负荷计划和评定外部负荷时必须注意，同样的外部负荷结构不一定总能产生同样的内部负荷。内部负荷除了取决于个人的竞技能力与负荷能力外，还和其他某些条件有关。人们对这些条件的作用还不能精确地估量。至于影响外部负荷的条件，则有运动员当时的身体和心理状况，训练与比赛场地、器材、设备的情况以及运动员对此的心理适应情况，气候状况（温度、风、气压、湿度等），地理高度，"一对一"对抗项目及球类项目中陪练对手的强弱，以及运动员对负荷方法（持续方法、间歇方法）的适应情况等。

## 二、负荷与适应之间的关系

适应是指身体与心理功能系统在外部负荷影响下对较高的功能水平以及特殊的外部条件所做的调整。身体上和心理上的适应在任何情况下都是一个统一的过程。训练负荷能够引起机体功能、生物化学和形态方面的变化，培养学生的意志品质，使他们越来越彻底地发挥意志上的竞技潜力。在负荷与适应之间有如下一些在训练方法上应加以考虑的关系。

第一，只有当刺激达到与个人竞技能力相应的强度和足够数量时才能出现适应过程。刺激量大而刺激强度达不到要求，和刺激强度大而刺激量太小一样，都不能产生适应。负荷量和强度越是接近个人竞技与负荷能力的最佳值，适应过程完成得就越快；相反，离最佳值越远（负荷越小或越大），训练的效果也就越小。如果要求太高而超过了个人的负荷能力，那么身体和心理调节系统的适应与调节功能就会失调，成绩就可能下降。如果负荷量和强度之间的关系不恰当，训练任务就不能收到预期的效果。

第二，适应过程是负荷与休息交替得当的结果。训练课上的负荷由于消耗了机能与能量的潜力，因而首先会产生疲劳过程，会使机体机能暂时下降。这对主要在休息阶段完成的适应过程来讲是一个决定性的刺激。从生物化学的角度来看，这时不仅被消耗的能源得到了补偿（所谓恢复），而且这种恢复还会超过起始水平（所谓超量补偿），超量补偿是提高机能和成绩的基础。因此，负荷与休息应看作一个统一体。

第三，只有刚开始训练的人或做新练习及经受特殊负荷（如通过一系列比赛来迎接比赛时期）时，超量补偿才以较快的速度转化成较高的竞技水平。对水平较高的运动员来讲，这种转化过程则以周和月来计算。可以设想，每一次接近最佳的负荷都会遗留下超量补偿的痕迹。但是只有当各种潜移默化的训练效果有了相当的积累，并且到一定时间之后，成绩才会得到飞跃式的提高。这种提高往往出现在短期的大强度负荷训练和比赛之后。这一提高过程为"事后才能知道的转化过程"。这种过程对合理而及时地调整训练是不利的，因为它耽误了对此必不可少的关于负荷训练效果的连续信息。如果不定期采用相应的方法进行检查和测试，那么只有到准备期的末尾或在比赛期进行比赛时，才能从结果中判断训练负荷是否适当。而这时若要纠正不适当的负荷所造成的后果几乎为时已晚。因此，进一步发展与研究稳妥可靠的检查和测试训练效果的方法具有重大意义。

第四，适应过程不但能提高运动员的成绩，还能增强他的身体或心理负荷能力。一成不变的负荷比较轻松，但是训练效果也越来越小，不久就只能起保持现有训练状态的作用。由此可见，系统地提高外部负荷是十分重要的。

第五，由于机体能被外界条件所同化，因此，如果负荷减少得太多或完全中断，那么训练所产生的适应就会倒退。这种倒退涉及决定身体和心理能力的各个因素。适应的时间越短，越不巩固，倒退得就越快。因此，中断训练能破坏运动成绩的持续提高，减缓提高的速度。由此可见，没有训练负荷的过渡时期切忌过长。还需注意的是，如果两次训练之间的间歇时间过长，那么每次训练所产生的效果就会大大削弱，甚或丧失殆尽。因此，对运动员来讲，为了迅速而稳妥地提高运动成绩，最好是每天都训练。对提高运动成绩来讲，两次训练之间的间歇时间长（上）不如短（下）。如果负荷始于超量补偿阶段的高潮，成绩提高得最快。为此，通常要求天天训练。

# 第四节　运动训练的周期性

## 一、周期化

大多数运动项目都有一个为期一年或一年中重复一两次的周期。这一周期又分为准备期、比赛期和过渡期。一个长的时期又分为若干个阶段。每个时期和阶段在系统地发展成绩的总要求之下又有自己的专门目标，以及随之而来的任务手段和负荷结构。有时候出于气候和组织上的考虑，还将一个较长的阶段分割成若干个便于掌握的步骤。

### （一）准备期

由于目的和任务不同，准备期一般分为两个阶段，第一阶段时间较长，主要是通过加大负荷量来提高学生的负荷能力，以便为较好的比赛成绩创造身体、技术、战术、知识和心理上的前提。这一阶段的训练要针对如何发展决定成绩的基础来进行安排，因此与准备期及比赛期的其他阶段比起来，这一阶段的一般身体素质练习和专项练习的比重要大一些，而比赛专项负荷量却要少一些。这一阶段的特点还在于和整个周期的以后各个阶段比起来，负荷量大而平均负荷强度低。这种负荷结构的目的之一是提高学生的负荷能力，使之能够在之后的阶段承担较大的负荷强度，并在整个比赛期保持稳定的成绩。

这一阶段主要是有重点地用最佳手段和负荷方法来发展决定训练成绩的某些单项因素，如赛跑、划船和拳击等项目的有氧耐力，铅球和跳跃的最大力量与爆发力，球类的某些技术、战术能力以及体操训练的技术动作等。

以上是这一阶段不同于准备期和比赛期其他阶段的负荷的一般趋势。从这一趋势出发，还必须重视下列一些特点：运动项目的专项要求、个人训练状态、训练阶段和季节等。这一阶段一般和专项训练手段之间的关系在不同项目之中的差别很大。耐力类项目的专项训练手段（比赛练习）必须占总负荷量的绝大多数（占训练时间的70%~80%），这样有氧耐力才能得到足够的提高。所有对技术以及战术熟练性要求特别高而全面的运动项目（如技术性项目、球类项目和对抗性项目），其专项训练手段的比重都很高。专项训练的重点放在单个技术、战术动作及连接上面。一些爆发力类的项目则要求用较长的时间来进行专项的和一般的练习，其中比赛练习的比重相对来讲要少些。但是为了持续地发展和巩固运动技术，即使在这一阶段也绝不应该完全放弃比赛练习。

整个的思想和意志教育过程主要针对如何迅速提高学生的负荷量与心理负荷能力。在这一阶段的末尾，决定训练状态的因素通过专门的检验，必须达到能确保按计划提高比赛成绩的水平。

所有运动项目的实践经验都表明，训练以及准备期第一阶段内所取得的成绩都能大大地影响竞赛期的成绩。如果训练负荷不足，特别是在准备期第一阶段内负荷量提高不够，其结果必然会导致成绩上升得少，稳定性差，在比赛期不能顺利通过高潮。因此，准备期第一阶段的时间不能抠得太紧。一般来讲，必须至少占整个周期的1/3。具体来说，如果以一年为一个周期，则要占4个月左右；如果以半年为一个周期，则要占2个月左右。

如果具备了这样的条件，即决定训练状态的单项因素都协调一致，从而能够着手提高比赛成绩，这时可进入直接向比赛期过渡的准备期的第二阶段。这时，第一阶段的任务仍可照常进行，但是训练另有新的特点。为了充分发挥专项练习的作用，要减少一般练习的负荷量，提高比赛专项负荷的比重。和第一阶段相比，在总负荷量基本不变的情况下，要以较快的速度提高专项练习和比赛练习的强度。在技术性强的项目（如花样滑冰、器械体操等）中必须首先练习连接动作和动作的连贯性，必须主要结合比赛专项负荷来进行训练和巩固技术，以便形成一种和各种内外部条件相联系的机动的比赛模式，从而使身体能力和动作的熟练性最好地相结合，使运动技术在比赛条件下达到最高的稳定性。

第二阶段的训练必须确保运动员在比赛期开始时就能取得比上一个赛季优秀的成绩，优秀的学生至少能达到本人迄今的最好成绩。但同时还必须确保通过加大负荷强度，特别是通过比赛能够继续不断地提高成绩。如果运动员在整个比赛期的成绩不但不见上升，反而停滞不前，甚至倒退的话，其原因往往是在准备期的第二阶段负荷强度提高得太快，比赛专项负荷的比重太大，总负荷量在准备期结束时下降得太多。

（二）比赛期

比赛期的主要任务是提高和巩固比赛成绩，使学生能在重要比赛上取得最好的成绩。

人们用训练时的比赛专项负荷和比赛来完成上述任务。上述任务完成得好与坏，将对比赛成绩的进一步发展和巩固起主导作用。这期间要加大负荷强度，但训练的总负荷量则要减少一些。那些以最大力量、爆发力和速度为决定成绩主要因素的比赛项目（如跳、投、短跑、举重等）的训练负荷量要比那些以耐力为主的项目少得多。对耐力类项目（尤其是中、长时间项目）来讲，比赛期用以发展与巩固有氧耐力的负荷量和准备期相比不可下降过多，但是在比赛比较频繁期间，负荷强度则可稍稍减小一些。

为了确保那些决定训练成绩的因素经久不衰，并为进一步提高比赛成绩挖掘潜力，在比赛期必须特别重视发展基础力量、速度、耐力、技术、战术熟练性的专项练习。一般练习主要用于积极性休息。

至于比赛次数，则根据个人的比赛负荷能力（经验表明，这一能力随着训练年龄的增长而增长）、运动项目的特点和比赛强度来安排。

成绩的发展在比赛期主要通过比赛频率和比赛专项负荷量来调节，如果这种负荷集中得法，并因人而异的话，那么运动员可望在比赛期开始后的6~10周内取得本人的最好成绩。运动员的主要比赛应安排在这一期间内；优秀运动员为参加关键比赛所必备的条件也应在这一期间形成。

如果在主要比赛（如少年运动会）之后比赛期还应延续下去的话，那么可延长几个星期。这期间要减少比赛专项负荷的比重，同时通过加大一般练习（积极性休息）的比重来提高总负荷量，在这期间不应进行比赛。这一阶段之所以必要，只是为了使运动员通过训练和比赛能接近他的最好竞技能力。这一阶段的任务是恢复大强度负荷后衰减了的体力和心理能力，以便一方面预防成绩过早地下降和伤病，另一方面为以后的比赛能取得好成绩而创造前提。在这一阶段之后，如能很好地集中安排比赛和比赛专项负荷，则在一个较短的时间内（3~4周）甚至有可能继续提高成绩。

（三）过渡期

如果在比赛期体力和心理能力消耗过大，那么在新的准备期开始之前要有一个积极性休息的阶段——过渡期。但是这个时期的时间比较短，不超过4周。这一时期的主要任务是使体力和心理方面得到充分的恢复，为能在新的准备期承受较高的负荷量而创造必要的前提。如果在体力和心理方面还没有得到充分恢复的时候贸然提高负荷量，这样的负荷就不能或者不能充分地起到刺激作用，在新的准备期就会带来适应上的困难。如果负荷突然中断时也出现这一困难，这时运动员在新的、更大的负荷要求面前就会显得热情不足。以上这些原因说明，一个为期不长的过渡期是合理而又必不可少的。

比赛期临近结束的时候，亦即在最后一次主要比赛之后，专项负荷就要逐渐减少。过渡期要以一般练习——积极性休息为主。运动员可以从事他最喜爱的其他运动项目。在任何情况下，运动员都不可消极被动。在过渡期的训练计划里是否保留专门练习（指比赛练习和专项练习），必须根据当时的具体情况而定。有时运动员在主要比赛之后比较热衷技术训练。这期间，负荷的量、强度和密度必须适当地掌握，做到一方面保证运动员的休息，另一方面使运动员的训练状态能保持高水平。当然，运动员在过渡期也必须保持运动员的生活方式。

如果运动员在比赛期没有充分发挥，那么他可以直接向新的准备期过渡。方法是减少负荷强度，但同时以较快的速度来提高负荷量。在这种情况下可以免除过渡期，否则就会延误成绩的提高。

**（四）关于周期的时间**

对大多数运动项目来讲，一个周期的时间为一个或者半个训练年度。各个时期的时间则长短不一。如果运动员是为一个重大比赛做准备，那么比赛期什么时候开始，有多长，则主要取决于这个重大比赛的日期。比赛期何时开始，取决于下列几个因素：运动员为达到和巩固他的最好成绩所必需的比赛次数；比赛之间所必需的间歇；预选赛的时间；为准备关键性比赛所必需的时间。

## 二、小周期和中周期

除了周期之外，还必须实行以几天到一个星期为限的小周期和以几个星期为限的中周期。这两种周期的作用在于更好地驾驭成绩的发展和以最高的效率来提高训练负荷。

（一）小周期

**1. 特征**

这里谈的是为期一周的小周期的计划。小周期的主要特征如下：①在小周期的过程中改变负荷的结构（负荷量和负荷强度之间的关系）。②在每节训练课里对运动员的要求程度不一样，这种要求根据运动员的负荷能力和休息能力在低与很高的幅度之间灵活掌握。③各个小周期的每节训练课的任务各不相同。这些任务有的主要依靠专门手段来解决，有的主要依靠一般手段来解决。④在一个小周期里要花多少时间来增加负荷，取决于实现这一训练阶段的目标和完成这一训练阶段的任务的需要。

**2. 根据**

借助小周期可以使运动员的负荷达到其现时竞技能力的极限，促使运动员坚持不懈地用最好的成绩来解决身体机能适应和发展技术、战术方面的主要任务，使运动员在比赛那一天以最好的竞技状态来进行比赛。小周期主要是依据负荷和恢复之间的有规律的交替关系来安排的。为了避免过度负荷，两次训练之间的间歇通常必须保持到能消除影响成绩的疲劳为止。我们知道较大程度疲劳时的负荷的作用要比最佳竞技能力状态时小。在小周期内，凡是附加一般练习，亦即积极性休息的训练课，休息过程可缩短一些，以便同时解决身体和心理训练方面的任务。

就那些对身体能力和协调能力要求全面的运动项目来讲，如果每次训练课能交替提出不同的任务，使用不同的手段和刺激量，使得各以不同的器官和机能系统为主来承受负荷的话，那么就用不着等待人体的完全恢复。这样安排负荷，既可保持高度的负荷，又可确保运动员避免那些往往由于对局部肌肉、韧带和关节要求极高而又得不到充分休息所造成的伤病。

通过小周期还可使人们在某种训练课里专门集中精力，解决一个主要任务和使用能产生一种最好训练效果的刺激量。这样对适应过程来讲，其效果比在训练课里同时用相反的负荷（如爆发力负荷和耐力负荷）来完成多种任务要好。小周期的另一个优点是在训练密度大的情况下，极大地减少训练手段的单调和心理上的厌烦。拒绝采用小周期，其后果之一是在较长的时间内都运用标准负荷，采用刻板的、千篇一律的手段，结果必然会严重影响成绩的提高。

### 3. 结构

小周期的基本结构原则是：对速度和爆发力有特殊要求的训练课应安排在竞技能力最好的日子里。上述训练课不能紧挨在以耐力为主的训练课的后面，而应在它的前面。

由于在大负荷之后通常要过24小时以上才能得到完全的恢复，比赛期内的小周期的负荷一定要合理安排，务必使比赛能在通过最佳负荷提前两三天到来的较高竞技能力（超量补偿）期间举行。

### （二）中周期

中周期是由下列两种内容组成的：负荷量和负荷强度的特殊过程；较大平均负荷的较长阶段与较小负荷的较短阶段之间的交替。准备期内的中周期大都为4~6周。比赛期内的中周期通常则短一些，为2~4周，根据比赛日程来安排。在主要比赛的前一周，负荷要稍稍减少一些，以使运动员事先得到合理的休息为限。准备期的负荷变化如下：每一个中周期提高负荷的方法，开始时是加大负荷量，结束时是加大刺激强度和相对负荷强度。这一方法原则上也适用于比赛期，所不同的是，和准备期相比，在多数情况下，负荷量要小一些，负荷强度要大一些。在中周期要安排较短的休整阶段，这期间对运动员的要求可低一些，以便防止疲劳症。如果运动员的训练负荷提高太猛的话，即使在小周期内，久而久之，也会出现这种疲劳症。据估计，在全年大负荷情况下，休整阶段对加强机体的适应能力也有好处。休整阶段同时还能起到预防作用，确保有计划地按周期提高负荷。总之，为了贯彻大负荷，相应地提高和巩固成绩，杜绝妨碍成绩提高的过度负荷，休整阶段是必不可少的。

第二章

# 现代运动训练的原理与方法

# 第一节　运动训练的理念及发展创新

## 一、运动训练的理念

### （一）教育性训练理念

#### 1. 教育性训练理念的内涵

在运动训练过程中，教师要重视对学生的文化教育和素质培养，并注意强调这一方面的重要性，从而使训练和教育紧密地融合在一起，达到训练与教育相结合、相协调、相促进的目的，这对于促进运动训练效果的提高具有积极的作用。

#### 2. 教育性训练理念的理论基础

（1）学生的健康成长与其自身文化教育水平有密切的关系

运动训练是一种社会活动，这一社会活动能否顺利进行，主要取决于教师、学生、管理人员和科技人员等相关人员是否能够积极参与运动训练活动，并在活动过程中密切配合。由此可以看出，教师与学生这两个运动训练中的主体的知识水平是影响竞技运动发展的重要因素。现阶段，在运动训练过程中，学生的主体性难以得到充分的发挥，而且学生文化素质的培养也没有得到应有的重视，所以导致以往的运动训练中出现了一系列不科学的现象，具体表现为：训练方法与手段单一，过分强调身体素质、技战术修养、心理素质等的训练，忽视了对学生文化和人文素质的培养，使得大部分学生在激烈竞争的训练和比赛中显得力不从心。这就在很大程度上制约了运动的发展，并且导致运动出现滞缓现象。

（2）学生运动水平的提高与其自身的文化素质水平相关联

现代运动的较量主要表现在体能、技能、心智、能力等几个方面。在某些条件下，心智能力要比体能、技能更重要，尤其是随着学生年龄的增长，心智因素的影响就显得更为明显了。一般情况下，具有较高运动智能的学生，其之所以能够大幅度提高自身的竞技能力，除了由于能够较为深刻地把握运动的特点和规律，并且能够更准确地认识运动训练理论和方法外，还能够对教师的训练意图有更正确的理解，在高质量地完成预定的训练计划中能够与教师完美配合。与此同时，更准确地把握运动战术的精髓和实质。在比赛中灵活机动地运用战术，动员和控制自己的心理活动等，也是高智能学生竞技能力水平较高的重要因素。

**（二）人文操作性训练理念**

**1. 人文操作性训练理念的内涵**

在运动训练中，人文操作性训练理念的内涵主要从以下四个方面体现出来：强调对学生的尊严与独立的重视；对学生思想与道德的关注；对学生权利的关注；对学生生存状况与前途命运的关注。

**2. 人文操作性训练理念的理论基础**

（1）人的行为受其自身感知或信念体系的影响。从人文主义、感知经验主义的角度上来说，人之所以能够有行为，主要是因为有人的感知或信念体系的指导。从人本主义的角度上来说，所谓的人文操纵的方法，就是教师或领导者必须按照他们的信念体系和他们要领导的学生或人员的信念体系来认识领导工作。

（2）运动水平的提高，基础性的要求是与自然规律和价值规律相符合。运动是自然规律和价值规律的双重存在。现代运动训练要求讲求科学性，并且符合该项目运动的客观规律。因此，为了取得理想的训练效果，在进行运动训练时，不仅要符合科学规律，还要在追求目标与实现目标的过程中符合人类正常的价值规律。除此之外，不仅要体现人文特征，还要将科学性与人文特征相结合、相统一，从而达到真与善的统一。

（3）人的主体性是人文的重点。人与技术的关系因此而更加明确，人文不仅凸显了技术的灵动，而且摆脱了"技术"对"人"的控制，这就明确了人的主体性以及人与技术的关系。运动训练的过程就是教育的过程，教育重视的是发展内在动力，行动力是由内在动力引导而来的。在运动训练中强调人文操作，不仅能够摆脱"技术"对"人"的控制，而且能够摆脱金钱对运动的束缚，从而达到公平竞争、弘扬体育道德、培养人性、挖掘人的潜能的目的。除此之外，情感、责任感、态度、信念等都在很大程度上决定着学生的体能、技能、成绩等物化的成分，具有非常重要的现实意义。

### （三）技术实践性训练理念

#### 1. 技术实践性训练理念的内涵

在运动训练过程中，学生的训练不仅要符合运动训练的一般规律，还要符合竞技项目的本质特征及规律。学生本身具有双重性，他们不仅是技术的主体，同时也是技术的客体。技术的物质手段作为客体，与作为主体的主观精神因素是统一的。

#### 2. 技术实践性训练理念的理论基础

（1）技术实践性训练理念要与事物的客观规律相符

技术实践性的基本要求就是求真。具体来说，就是运动的技术实践性训练要符合事物的客观规律，也就是说，运动要与运动项目的本质特征及规律相符。所谓的求真，就是在运动训练过程中，要以运动的本质特点和规律为主要依据，科学指导运动训练过程，力争做到结合实际，并且与事物的客观规律相符合。

（2）技术实践性训练理念要遵循从实际出发的原则

在现代运动训练中，一切都要以符合实战为主，从实际出发和结合实战是对技战术进行训练的最有效的方法。学生只有通过不断的练习，才能在比赛中有轻松、熟练和优秀的表现。要想取得理想的比赛成绩，一定要做到积极训练，并且训练要与比赛的情况尽可能一致，最大限度地包括比赛过程中出现的所有因素，这样才能取得良好的训练效果。

## 二、运动训练理念的发展创新

### （一）理念的融合和创新是竞技体育发展的重要推动力

从宏观上看，控制论、系统论和信息论被引入竞技运动训练，以及运动训练领域一些重大研究成果。例如，马特维耶夫的周期训练理论、雅克夫列夫的超量恢复学说等都引起了训练理念的重大变化；田麦久教授设计的"竞技能力结构特征模型"即"双子模型"融合了木桶原理与积木模型；刘大庆教授提出的竞技能力的"非衡结构与时空构架"是融合了时空观而产生的创新性成果。理念的融合与创新，需要思维的批判性、广阔性与合理性。这些理论或研究成果不仅成为训练理念的一个组成部分，而且促进了理念的发展，使人们在训练的计划性、系统性和控制性等多方面形成了新的认识。澳大利亚游泳教师卡来尔夫妇将德国中长跑教师盖什勒和队医阿因德尔根据优秀运动员扎托贝克等的训练实验创立的间歇训练法成功移植到游泳训练中，使其大放异彩。之后间歇训练法又被善于联想的教师们移植到速度滑冰、自行车、划船等耐力性项目训练中，同样取得了好成绩。举重与跳跃、投掷力量训练方法的互相借鉴、跳水与体操陆上训练方法的互相借鉴，均充分说明竞技能力本质相近的项目之间，训练方法的移植与融合能显示出其突出的优越性。这些都很值得竞技体育界广大教师仔细钻研。莱文（Levine）提出的"高住低训"高原训练理论，也是源于运动训练理念的融合与移植。这一训练理念被广泛地应用于耐力主导性项目中，模拟实验实际上就是融合与移植。据此，研究者常把自然界难以再生的现象或把需要创造的大型工程人为地模拟缩小到实验室内进行研究，把实验室的研究成果再移植到有待研究的事物环境之中。这些理念的融合与创新对训练实践的影响、运动成绩的提高、国际竞技运动的迅猛发展起到了巨大的推动作用。

**（二）运动训练的理念需要创新思维**

回顾运动训练理念的发展，人们不难发现，运动训练理念一直是在科学理论与实践经验的不断冲突和碰撞过程中得到丰富与发展的。科学理论与实践经验的不断冲突和碰撞激发了竞技体育活动过程中的创新思维。在竞技体育活动中，研究者通常把研究对象的顺序、原理、属性、结构、大小等因素通过改变常规思考和处理方向，从而引发创新的理念。例如，力量训练方法中"正金字塔"与"倒金字塔"训练方法的应用、速度与耐力训练过程中组数与次数的逆变性组合，都会对运动训练产生一定的影响；田径径赛规则在田赛比赛中运动员轮次的变化也深刻地体现了逆变的色彩与效用。徐福生改变足球传统技术训练的教材顺序，从相对较难的运球技术入手，以过人突破技术为核心的多变思维使得学生对足球技术的掌握明显加快；球类项目中诸多类似"扬长避短""攻其不备"和"黑马奇兵"的战术变化，都是通过部分改变对象的顺序、原理、属性、结构、大小等因素或者是融合了其他思想而引发的创新思维，对竞技体育发展起到了推动作用。

### （三）运动训练理念的变化发展

运动训练活动是一种开放的物质活动，总是在不断地拓展和深化，并不是原有物质活动的简单重复，因而必然会产生新情况，涌现新问题。作为训练活动的指导思想也不是一成不变的，当原有的运动训练理念不能有效地阐释新情况和解决新问题时，就要求对运动训练理念进行创新，对运动训练的本质、规律和发展变化的趋势做出新的理论概括。在不同的时期和阶段，随着项目发展的形势和变化的需要，运动队和运动员的具体情况与特点各不相同，训练理念也在不断变化。这种变化反映在人们使自己的思想符合客观实际，以形成正确的指导思想，促进训练的发展中。不过，理念的主观形式与客观实际的统一也不是绝对的，而是相对的，因为人们的认识只能相对地逼近客观实际，而不可能穷尽客观实际。因为事物的发展变化是相对的，不以人的主观意志为转移。随着运动训练实践的进一步发展，原来与客观实际相统一的理念又变得不那么一致了，并且差距越来越大，于是又需要创新。在当代科学技术快速发展并向竞技运动训练大规模介入和渗透的背景下，运动训练发生了深刻和巨大的变化，教师的训练理念也在不断进行着补充与更新。实践证明，一个学生成绩的快速提高，乃至一个运动项目水平的快速发展，往往都与教师训练理念的补充和更新密切相关。科技的进步、经济的发展、社会的繁荣，为运动训练理念的发展提供了必要的条件，同时也会催生出更新的运动训练理念。而原有的运动训练理念不会像人们所预言的那样进入衰退期甚至是衰亡期，而是经过一段时间的调整后，立足自身的优势，借鉴其他学科的长处，对自身进行有效的改造而获得新的发展。

# 第二节　运动训练的基本原理及原则

## 一、运动训练的基本原理

### （一）运动训练的运动学基础

运动学基础主要指的是运动技能的基础。运动技能是指人体在运动中掌握和有效地完成专门动作的能力，也就是在准确的时间和空间里大脑精确支配肌肉收缩的能力。提高运动技能要依靠人们对人体机能客观规律的深刻认识和自觉运用。

#### 1. 人体运动系统的构成

（1）肌肉

肌肉组织主要由肌细胞组成，肌细胞为细长的细胞，故亦称肌纤维，是肌肉的基本结构和功能单位。每条肌纤维外面皆由一层薄的结缔组织膜包裹，称为肌内膜。数条肌纤维构成肌束，肌束表面也由肌束膜包裹。肌束再合成我们从外表看到的一块块肌肉，外面包以结缔组织膜，称为肌外膜。肌肉中，水分占3/4，另外1/4为周体物质（如能量物质、蛋白质、酶等）。

人在参加运动的过程中，其动力是由骨骼肌不断地运动来提供的，骨骼肌在神经系统支配下，收缩牵动骨骼，维持人体处于某种姿势或产生人体局部运动，最终促进机体完成运动所需的各种动作。而人体内脏器官的活动也离不开相应的平滑肌和心肌的作用。

骨骼肌是指附着于骨骼上的肌肉，是肌肉的一种。骨骼肌在人体内分布广、数量多，是运动系统的主体部分。人体内约有400块大小不一的骨骼肌，占体重的36%～40%。成年男性约占40%，成年女性约占35%。可分为中间庞大的肌腹和两端没有收缩功能的肌腱直接附着在骨骼上。骨骼肌收缩时通过肌腱牵动骨骼而产生运动。肌腱由排列紧密的胶原纤维束构成，肌腱内胶原纤维互相交织成群子状的腱纤维束。肌腱的一端与肌内膜、肌束膜和肌外膜相连接，另一端与骨膜紧密结合。肌腱本身虽无收缩能力，但能承受很大的拉伸载荷，而肌腹的抗张力强度远远不及肌腱。

（2）骨骼

骨骼是由骨膜、骨质、骨髓及血管、神经所构成的，它以骨质为基础，表面被骨膜包裹，内部充满骨髓。骨是人体运动系统的重要组成部分，对运动训练起着至关重要的作用。但是骨的功能不仅仅体现在它的运动功能上，它还有支撑身体的功能、保护脏器的功能、造血的功能、运动的杠杆功能、储备微量元素的功能。

（3）关节

关节是骨与骨之间借助于结缔组织、软骨或骨的一种连接。借助它连接起全身的骨骼，从而对整个人体起到支撑和保护的作用，特别是人体的运动更加依赖关节的活动是否顺畅。关节主要是由关节面、关节囊和关节腔所组成的，辅以韧带、关节内软骨和关节唇等结构。根据关节运动轴的多少和关节面的形状等因素，可以将关节分为单轴关节、双轴关节和多轴关节三种形式。根据两骨间连接组织的不同，可以将关节分为纤维性关节、软骨关节和滑膜关节。

**2. 运动过程中人体机能的变化**

（1）比赛前后身体机能变化的基本过程

在运动训练过程中，多重刺激源作用于学生机体，引起各器官系统的机能发生一系列变化。依据机能表现形式，大致可分为赛前状态、进入工作状态、稳定状态、运动性疲劳和恢复过程五个阶段。

（2）一次训练中身体机能变化的基本过程

人在运动过程中，运动训练负荷作为一种刺激，必然会引起各器官系统机能发生一系列应激性反应。在运动训练前后，这些反应可表现为耐受、疲劳、恢复和衰退等不同阶段。

**（二）运动训练的生理学基础**

**1. 物质代谢**

食物中包含多种营养素，人体从食物中摄取各种营养物质，经血液循环输送到人体的各个器官，通过相应的代谢为人体提供能量。糖、脂肪和蛋白质等营养物质经人体吸收后，人体的组织、细胞一方面通过合成、代谢构建和更新自身储存的能源物质；另一方面通过分解代谢（氧化分解）以产生能量。

**2. 能量代谢**

当机体内部的各个供能代谢系统在运动中分别以其最大供能速率向机体提供能量时，维持相应强度运动的持续时间分别是：磷酸原系统6～8秒，糖酵解系统30～90秒，糖有氧氧化90分钟，而脂肪酸供能时间相对不限。

蛋白质作为能源物质氧化供能，在有氧代谢中所占的比例不大，最多不超过18%，通常是在运动开始以后30～60分钟开始，一直持续到运动结束为止。

## 二、运动训练的原则

运动训练像任何一种教育过程一样，都以一定的原则作为基础。这些原则就是综合的思想理论和方法论的原理。这些原理来自客观规律，不仅在一定形式的活动中起作用，而且在相接近的领域中也起作用。

运动训练是一个教学和教育的综合过程。只有在社会教育与家庭教育相结合、社会主义社会关系的教育特点与个性客观发展的特点相结合时，这些原则才可促进学生在劳动、智育、体育、美育等方面的全面发展，成为一个具有坚定共产主义世界观的人。运动训练的另一原则包括教育学的一般性原则，它们反映了任何教学和教育过程的基本原理：科学性、教学的教育性、自觉积极性、直观性、巩固性、系统性、连续性和可接受性等。

### （一）体育教育的原理

要谈及体育教育的原理，首先就要突出个性的全面发展和协调发展。体育教育并不仅仅局限于教授动作，培养良好的身体素质和能力等，还要扩展到智育、美育和德育，要求全面地利用体育训练的各种可能去完成教育的任务。全面的身体培养是以改善全部基本身体素质和技能，巩固和提高有机体重要系统机能能力为前提的。

其次要求体育教育与生产劳动和国防相结合。它要求在生产劳动和军事活动中具有重大意义的素质与技巧能得到保证；要求在全面训练的基础上为快速掌握新的技巧和活动形式建立前提；要求尽可能地利用体育运动的手段和方法来达到爱国主义、纪律性、对集体的责任感、劳动态度等教育。体育教育健身原则的实质就是要全力促进人体健康。选择体育教育的手段和方法时必须考虑到它们的健身效果；身体和心理负荷的运用必须符合增进健康的要求，还应该为适应过程的有效创造条件。

当代体育教育的发展还提出了一系列其他的原则，比如教学和发育的统一。这一原则就是要保证形态发展的自然进程与人的机体机能改变之间有机的联系，另外也要保证体育教育过程中提出的各个任务之间有机的联系。还有一个原则就是意识和感官的控制原则。这一原则的基础是人的运动和心理之间有着规律性的联系，比如，运动实践的成绩有赖于在运动过程中动作控制能力的发展。

### （二）运动训练的专门原理

运动训练的一系列特殊原则使训练过程在严格的科学基础上进行。这些原则反映了训练作用与学生机体的反应之间、运动训练内容的各个组成部分之间规律性的联系。

这些原则主要包括：为创造高水平成绩而深入专项化；一般训练与专项训练的统一；训练过程的不间断性；循序渐进和直至达到最大负荷的统一；负荷的波浪式变化；训练过程的周期性。

### （三）教育学的基本原则及其在运动训练中的应用

#### 1. 科学性

客观规律是这一重要的教育学原则的基础。这种客观规律就是提高人的某种能力，有一套可靠的知识体系。只有在体现这套知识体系的基础上，教学和培养的过程才能得到最佳的进行。

科学性原则对教学过程提出了一系列的要求。在教育过程中只能体现可靠的科学事实，所采用的方法和手段其效果要足够准确。

在运动实践中要体现这一原则，其复杂性取决于现代体育科学发展的水平。一方面，体育科学还是一个年轻的知识领域。尽管从20世纪初就开始进行了与运动训练问题有关的研究工作，但还有大量的问题缺乏研究，其中有不少问题还单凭教师、学生的直观感觉和经验从事。另一方面，近几十年来，现代科学技术发展的共同规律、体育运动的日益普及、体育科学的蓬勃发展使运动训练方面的知识在质和量上都提高到了一个新的水平。这就告诉我们，必须不断地、有效地把科研成果和先进的经验资料应用到实践中去，不在这一方向上进行有目的的工作就谈不上贯彻科学性原则。

**2. 教育性**

教学中的教育性原则贯穿运用于运动训练的内容、形式和方法之中，它以学生的个性形成与运动提高之间存在着有机联系为前提。

教学的教育性反映了教学和教育之间的客观本质联系。不过，教育的目的性特点和成果取决于很多因素，其中有教学中的思想倾向、教学的目的和任务、教学训练工作的组织基础和方法等。

学校在学生训练方面用先进的知识来武装学生，采用良好的教学训练组织形式，明确地提出了目的和任务，从而可促使学生共产主义世界观的形成，培养坚定的信念和观点以及高尚的道德准则。

在运动训练过程中，教育的实效性在很大程度上取决于是否考虑人体发育的年龄特征。年龄特征的产生是由于人的机体在其一生中不断地发生质和量的变化。这是一个非常复杂的过程，在生理、心理和社会的形式中反映出来，因此取决于内在的、外在的、自然的和社会的各种条件。

发育是人体固有的属性，在这一自然前提下，运动训练可以根据所设定的任务来促进发育以及个性心理特点的逐步成熟。这时，学生在心理发育方面所达到的成就是提高接受能力、增强意志和发展思维能力等，这样就可以在教育中提出新的、更为复杂的任务。不能不指出，如果教师不仅把自己的学生看成教育的对象，而且也看成有爱好、感情和志向的个体，并善于使学生投入工作中，激发他的积极性、主动性和独立性，引起他自我完善和自我教育的意向，那么这位教师就能顺利地指导学生发展其能力的过程。

**3. 自觉性和积极性**

在运动训练过程中，学生的自觉性表现在对任务的理解、对训练过程中各种基本的规律性的理解、对人的机体结构特点的理解以及各种训练手段和方法对其影响的理解等。

遗憾的是，在培养高级运动员的过程中，教师和学生之间的相互关系并不总能使学生感到在培养自己的工作中，自己是一个平等的参加者，而是一个执行教师指示的没有头脑的人。这样就会降低学生的积极性，对训练过程产生不良的影响。现代训练十分重要的是：要求学生对自己所完成的动作有进行分析的能力，在自己感受的基础上能拟订个人的最有利的方案，按任务的性质来做出最合适的决定等。按这样的观点，不仅要向学生提出具体的课题，而且要向他们揭示出这些课题基本的规律性，让他们全面地去探讨解决这些课题的途径。

研究结果表明，学生对学习的自觉态度不仅会提高学习成绩，而且对其他能力也有好的影响。有了高度的理解，学生在心理上和机体上就能承受更大的负荷。若对训练抱消极态度，就做不到这一点。

学生积极性的提高与训练课的组织形式有关，与制定教学大纲的方法有关。若在课程中加进竞赛的因素，练习和方法是多样化的，而且又要求精力常常集中，把学生按大致相同的实力来分组，那么训练过程的效果就会显著地提高。例如，美国著名的游泳教练姆·舒别尔特认为，他在教练工作中取得成就的基本因素是在每一堂课中善于营造一种心理上的气氛，保证每个运动员都能够对高效率地完成每一个练习有最大的兴趣。

学生在训练过程中的积极性与他对运动的社会本质的理解，对运动在巩固健康和个性全面发展中的意义的理解有着不可分割的联系。只有在确切地理解运动活动本质和意义的基础上，才能使学生产生足够的动力，也才能在极大的体力和心理的负荷下积极地从事运动。

### 4. 直观性

根据马克思列宁主义的反映论，对现实的认识从根本上来说来自感觉。这些感觉就是客观世界的形象，它们是客观存在的，不以人的认识为转移。但是现象的规律性不是单靠感觉就能得到反映的，它们只是在思维过程中用于后续分析和概括的第一手材料。

教育学最重要的原理之一就是感觉与概念的统一。因此直观性原则要求采用直观手段，这不仅是为了给学生造成有形的印象，而且是为了能理解所感受到的现象之间的联系和相互依赖的关系。

在现代教育学中，视觉、听觉、触觉等所有的感受都与直观性原则有关。在现代训练中，无论哪一种对感官起作用的直观形式，都有其优越性，要根据面临的任务分别来采用它们，无论是视觉和听觉（如在初步介绍某一新技术环节时），或是与触觉有关的感受（如在改进技术环节时）。

在运动训练的实践中，多种多样的直观手段是结合在一起的，应用时，通常配合教师的口头说明来引导学生有针对性地观察某一现象。这时，意识和感觉控制的特殊作用就会在完成练习时把注意力集中到对动作的感觉上。这种运动知觉常常通过特定的综合性感官，如时间感、速度感等。正是由于以这种运动知觉为基础，才能在数量上对运动进行感官控制，并用于改进动作。

保证直观性的各种方式对于学生改进技术具有特殊意义。例如，用拍摄电影和录像的方法来观察某些学生的动作；分析世界优秀运动员的电影图片，使我们可以找出一些错误并制定个人改进技术的方法。这一直观性方法对任何一种运动都是有效的，特别是游泳运动中运动员处于水下，没有可能用视觉来监督自己的动作，这种方法就更为有效。

### 5. 巩固性

巩固性的原则要求巩固在教育过程中获得的知识、技能和素质。一方面，这些知识、技能、素质应该具有相对的稳定性；另一方面，它们又要有用于各种不同场合的灵活性，以及训练过程应该怎样组织，才能使学生在完成运动专项中各种各样的动作时能够做出最佳决定。

在运动训练的实践中，为了巩固已掌握的技能，常常采用的手段是：在很长的时间里多次重复一种单一的训练内容。这样的方法常常会导致建立巩固的动力定型，从而为今后提高运动技术设立了难以克服的障碍。在青少年时期，运动专项的科目过于狭窄就是一个具体例子。一些学生大量地重复单调的专项训练和比赛性练习，其结果是巩固了完成动作的技术，使运动性和植物性机能建立了难以改变的相互联系。随着年龄的增长，运动员机体的形态和机能发生了变化，这就要求运动员掌握新的运动技术，并保证植物性系统的机能达到新的水平。在这种情况下，动力定型是不好的，并常常成为继续提高难以克服的障碍。

因此，在运动训练中，巩固性原则要求用特别广泛的综合性练习来训练运动员。而这些练习是有选择性的，在功能上要与运动专项相接近，要求直接或间接影响运动成绩水平的各种素质、能力及其组成成分都得到发展。在这种情况下，巩固性原则并不是体现在不易改变的定型上，而是在运动员多方面的、灵活的能力上。这样的能力在现代化的训练和比赛活动的各种各样的场合中都能得到运用。在这个计划中，值得一提的是，世界优秀游泳教师在改进优秀运动员运动技术过程中应用这一原则时的观点，他们认为优秀游泳运动员的技术应当特别巩固和稳定。但是这里所说的巩固和稳定，并不是指存在难以改变的动力定型，使得在不同的条件下保持同一的技术做法，而是根据具体的竞赛条件选择最合适的做法，使素质和技巧综合起来去保证灵活可靠的运动技术。

要实现这样的观点，在训练过程的不同结构中，从多年计划到小周期训练安排都要采用系统的和循序渐进的各种各样的训练手段。

### 6. 系统性和循序渐进性

系统性在运动训练全过程中有重要意义，要求在发展素质，掌握技能和技巧，提高有机体各体系机能能力时，要在其间保持一定的逻辑联系。循序渐进性指出了在教学训练过程中，下一个阶段有赖于前一个阶段，这样就可使学生以后的提高合乎逻辑地发展。

在运动训练中，忽视系统性和循序渐进性常常导致强行提高运动成绩。在培养水平不高的学生时，常照搬其他高强度的训练经验，采用与其机体不相适应的组织、方法和手段，这样做往往在最初阶段是有成绩的：身体素质高的学生很快就达到了健将级，在不同的比赛中拿到了较高的名次。但在一定阶段之后，就不可避免地成为继续提高成绩的障碍。这样做的后果，首先就表现为技术和机能训练的片面性，心理压力过大和学生机体的主要植物性系统的负担过重。片面的训练不可能使技术和机能达到现代运动的高峰，比如训练游泳、跑步、划船和其他项目时，其成绩在很大程度上取决于输氧系统，如果强行加大负荷，就会造成心肌炎。这在现代以特大训练量为特征的训练条件下是特别危险的。

系统性和循序渐进性原则体现在训练过程的不同结构单元的安排上。在多年训练计划中，它表现为根据学生年龄发育的特点、训练过程的规律、某一运动项目运动技巧掌握的规律而提出不同的任务，采用不同的形式、方法和训练手段。例如，在安排小周期训练计划时，要有规律地交替安排各课不同的负荷量和不同的内容。

### 7. 可接受性

可接受性原则的实质为：学生可能发展的技能、技巧、素质和学习的知识，在内容与数量上要考虑不同的年龄、性别和训练水平。这个一般教育学的原理在运动训练中具有特殊的意义，因为在实践中所采用的负荷常常达到学生机能能力的极限，如不能准确估计学生的能力，提出的要求超过他们的潜力，不仅不能解决提出的任务，反而可能造成过度疲劳和机能系统过度紧张。

可接受性原则与学生年龄特点的联系并不意味着每一个年龄组只适合于一

成不变的训练任务、训练方法和训练手段。个人生理发育的速度、不同运动项目中训练水平的形成规律、教学方法、遵守教育学的要求等在很大程度上决定了运动训练过程中可以进行到何种程度的尺度。

安排训练过程时，可接受性原则通常要求训练大纲要逐渐增大难度。事实上，在实践中并不需要保证运动成绩以很高的速度发展。很多事实证明，阶梯式地对学生的机能和心理提出要求常常可使适应过程活跃化，其结果也就会使运动成绩急剧提高。例如，经验证明，为参加大型的赛季比赛，在直接训练的训练周期中引入一系列小周期，其负荷比以前所能承受的超出20%~25%，不仅不会降低学生的成绩，反而可比预先计划的成绩超出很多。在许多出色学生的多年（4~8年）训练实践中，可实现对其机体逐渐增加要求的计划。然后，当多方面的全面发展达到了一定的水平并进入了有很高成就的成年组时，训练负荷就能开始阶梯式的增长。这表现在年训练工作量几乎呈现双倍增长，比赛次数急剧增加等。在许多这样的场合下，学生在过去的几年里成绩平平，但是突然在某些比赛上取得胜利。不过，训练过程的此类变化应当时时以学生机能能力的客观评价为基础，以前一阶段全面身体训练计划的结果为基础。

提高教学训练过程的可接受性的途径之一，就是要向学生提出一些任务，在解决这些任务的过程中，应当让他们日益显示出很强的独立性。但是，在这里只提出任务是不够的，还应当给学生指出解决任务的方法和手段，让他们进入选择最优的解决任务的过程中。

为了理解教学的可接受性，了解学生训练的具体条件是具有很大意义的。运动场地设备条件的快速改进、训练和恢复先进方法的应用、国际运动舞台上竞争激烈程度的增长、记录的迅速提高以及这些因素对学生心理的影响，使我们必须经常重申关于可接受性条件的概念。

如果根据运动专项的特点实现了教育和医务监督，那么这种经常性的监督就有助于掌握可接受性的尺度。在这种情况下，总是能够弄清学生的能力与所用的手段、方法和训练过程的组织是否适当。

### 8. 区别对待

这一原则规定在组织训练课的过程中，在选择手段、方法和训练形式时要考虑到学生的个人能力。众所周知，每个人的能力都受先天和生长条件的制约。

个人先天的差别表现在分析器官的特点、神经系统的类型、形态特点、植物性系统最重要的参数上等。按先天的素质可以确定条件反射形成的速度和巩固性、反应特性、组成联系体系的速度和灵敏性等。所有这些对于快速和巩固地掌握技能，发展素质和特长以及在稳定和变化的条件下对整套动作的概括与反应能力等具有决定性的意义。

个人的特点对运动专项的选择和整个训练过程有着重大影响。因此，分组教学模式和个别训练模式都力争使每一位学生的训练过程最大限度地符合客观规律。

在运动训练过程中，区别对待的途径之一，就是要全面地评价学生的机能能力，并与模式数据相对比，在这个基础上拟定训练大纲。在这一方面还有另外一个看法，就是发掘每个学生对掌握某种技能和素质的潜在倾向，并按具体的情况拟订一套符合学生个人能力的措施。

在运动训练过程中，区别对待的方法在以下场合应当得到应用：一是为提高训练水平的各个方面而选择训练方法和手段；二是确定负荷；三是根据学生的个人能力选择课的形式等。这种做法无论如何也不会与教学训练过程一般的形式和方法相矛盾。区别对待的原则是在教学与教育总规律的基础上实现的，通常是在分组教学中得到保证的。

# 第三节 运动训练的科学安排与恢复

## 一、运动训练的科学安排

### （一）运动训练负荷的定性与定量

#### 1. 运动训练负荷的定性

（1）训练负荷的专项性

训练负荷的专项性指训练负荷要与学生的训练水平和比赛要求相符。运动训练过程中，训练负荷的练习分为运动专项练习与运动非专项练习。其中，运动专项练习是提高学生专项运动技战术水平的直接因素，只有加强运动专项训练，才能为学生运动实战水平的提高奠定良好的基础。

（2）训练动作的复杂程度

训练动作的复杂程度是专项运动训练中客观存在的内容，是运动训练中运动训练负荷定性的一个重要方面。运动训练实践中，动作的复杂程度决定着训练负荷的大小。区分训练动作的复杂程度是控制运动训练负荷的依据和需要。需要提出的是，由于运动训练中，学生的许多技能动作并不能预定，必须根据场上对手的表现临时做出选择性反应，因此，目前对此要做出量化评定具有较大的难度。

（3）训练负荷的生理改善

确定学生运动训练时机体工作的供能系统是为训练负荷定性的内容之一。研究表明，系统的运动训练中，ATP-CP和糖酵解供能占80%，糖酵解和有氧代谢占20%。因此，学生应结合运动专项的训练要求和特点，选择采用无氧代谢或是有氧代谢，或二者协调配合进行训练，也就是以实际情况为依据合理安排训练。

### 2. 运动训练负荷的定量

（1）内部负荷指标

内部负荷指标指由于学生在训练过程中进行各种身体、技战术训练，训练的负荷使学生有机体内发生一系列生理和生化变化。内部负荷的指标能比较科学、准确地反映有机体在负荷时产生的各种变化，有利于教师根据这种变化去掌握和控制训练过程，安排训练负荷。

在运动训练中，使用内部负荷的指标来测量负荷的方法比较广泛。血压、心率、血乳酸、尿蛋白、氧债、血红蛋白、最大吸氧量等是常用的指标。

（2）外部负荷指标

外部负荷指标，又称"负荷的外部指标"或"外部负荷"，包括负荷量和负荷强度两个指标。在运动训练中，负荷量的各个指标测定的方法比较简单。例如，统计一次训练课、一个小周期、一个阶段或一年的训练负荷量，只要记录每次训练的时间、次（组）数、移动的总距离和总重量，而后通过累计计算运动员单位时间内负荷量的大小即可。机体对负荷强度刺激所引起的反应比较强烈，能较快地提高机体各器官系统的机能水平，所产生的适应性影响较深刻，消退较快。在运动训练中，测量负荷强度的各个指标比较复杂，所以难度也比较大。

目前，对学生外部负荷指标进行测量，一般采用记录技战术训练的时间、训练次数、训练难度、训练的激烈对抗程度等方法。

### （二）不同负荷的判别

在运动训练中，当学生的运动训练内容、训练手段的特点相当稳定时，由机体机能能力表现出来的动态变化就能够被明显地观察到。因此，可根据训练实践中学生的机体机能活动性的动态变化来对训练负荷的大小进行判别。

一般地，运动训练负荷的大、中、小可以客观地按照机体恢复的时间进行判别。研究表明，训练负荷的大、中、小与有机体内环境的稳定性的变化紧密相关，并且能具体反映到恢复的时间上。通常，小负荷与中等负荷后，机体恢复的时间是几十分钟或几个小时；大负荷后，一般需要较长的时间才能实现机体的恢复（可长达数天）。

在运动训练中，应结合实际情况来对学生的训练负荷的大小进行判定，具体可以根据生理学和生物学的指标来判别，也可以采用其他相对间接且客观的指标进行判别，不管使用哪种方法，都要保证准确地判定训练负荷。

### （三）运动训练负荷的特点与注意事项

#### 1. 科学安排运动训练负荷的特点

科学安排与调控运动训练负荷就是以更科学、更合理的方法安排运动训练负荷，从而实现运动训练水平和运动成绩不断提高的目的。对训练负荷的科学安排需要遵循负荷、应激与恢复原理，竞技状态的形成与科学调控原理，周期性与节奏性原理以及竞技能力的训练适应原理等。简单来说，科学调控运动训练负荷就是在训练过程中，教师根据训练的任务及学生的个体情况，按照人体机能的训练适应规律，以大负荷为核心，坚持长期、系统和有节奏地安排运动训练负荷。

从概念内容来看，科学安排与调控运动训练负荷具有以下特点：①持续增加运动训练负荷，即在学生的运动寿命范围内，运动训练负荷应该不断地增加。②运动训练负荷应该力求在学生机体可接受的范围内达到最大负荷水平。③全年负荷，即要求学生长年不断地进行训练，系统连贯地承受负荷，以不断提高训练水平。④负荷的周期性和节奏性，也就是说，负荷的安排要有一定的大、中、小节奏，并在全年训练中具有一定的周期性安排的特点，按照加大—适应—再加大—再适应的节奏进行安排。⑤负荷的渐进性和跳跃性，是指在学生的长期训练中，负荷应按照逐渐提高与跳跃式发展相结合的方式进行安排。

#### 2. 科学安排与调控负荷的注意事项

（1）不同训练阶段采取不同的调控方法

根据负荷因素的基本特征，在训练初期，为了使学生尽快进入运动状态，通常以增加负荷量的方法来尽快实现学生机体的适应。在专项训练阶段，以提高负荷强度刺激的方法来加深学生的机体适应过程。

（2）选择合理的负荷的内容和手段

教师应按照不同运动项目、训练内容、训练手段的负荷特征和不同训练任务选择好相对应的训练内容、训练手段和训练方法。对学生而言，其参与的具体竞技运动项目不同、训练目的的不同，所安排的训练负荷应有所区别。

（3）对负荷方案进行最佳综合设计

在运动训练过程中，教师要根据各对应性负荷结构的特征及相互之间的关系，进行负荷方案的最佳综合设计。特别是要注意负荷量、负荷强度与总负荷，内部负荷与外部负荷，生理、心理与智力性负荷以及训练负荷与比赛负荷的综合设计。

（4）按照学生个体特点确定运动训练负荷

教师要通过科学的训练诊断，对学生的个体特点加以了解，科学确立符合他们个体特点的负荷模型。

（5）注意负荷安排的长期性、系统性

在进行运动训练时，要根据连续负荷中疲劳的正常积累与过度疲劳之间的关系，对多年、年度、周及每一次训练过程的负荷进行对应的安排，使不同训练阶段的运动训练负荷能够连贯起来，促进学生运动水平的逐步提高。

（6）重视运动训练负荷的节奏性

教师要把大负荷训练与减量训练结合起来，使之形成最佳的负荷节奏，进而促使学生取得最佳的运动成绩。

（7）合理增加运动训练负荷

根据训练任务和训练对象，逐步、有节奏地加大运动训练负荷，直至最大限度，但在某些运动训练过程中，运动训练负荷的安排不宜过大，应以提高单位训练时间里最大的效益为准则。运动训练负荷的增加应当在学生适应了原有负荷的基础上进行，只有这样，才能取得较好的训练效果。

（8）注意处理好负荷量、负荷强度与总负荷的关系

教师要按照运动项目特点、训练和比赛任务、个体特点等因素，以总负荷的要求为基础，确定好负荷量和负荷强度的最佳组合。突出强度是高水平学生负荷安排的重要特征。但注意应从实际情况出发，负荷强度和负荷量应合理搭配。

（9）重视恢复

训练水平的提高离不开对训练负荷的合理安排，没有恢复也就没有新的负荷安排。在运动疲劳之后，人体的恢复时间有所不同，恢复时间过长或过短，都不利于提高身体素质和技战术水平。注意掌握学生训练后不同恢复阶段的时间、个体负荷的极限能力、承受极限负荷后的恢复时间以及各训练过程的负荷性质及适宜的间歇时间和恢复方式，并根据这些要点来对大负荷训练进行安排。训练之后，还应注重采用多种手段来帮助学生消除疲劳。

（10）做好运动训练负荷的监测和诊断工作

教师应在运动训练过程中根据运动训练负荷的构成因素及运动训练负荷的可监控性特点，正确地确定各运动项目的各训练内容、训练手段和训练方法及不同学生个体的运动训练负荷监控指标体系，对科学的运动训练负荷监控、诊断系统和诊断模型进行建立。

## 二、运动训练的恢复

### （一）教育学恢复措施

教育学恢复措施是各练习项目之间、各训练课之间、各不同负荷的周期之间等的休息间隔的变化。这表现为无论是在一次训练课中，还是在月的、年的、奥运会的训练周期中，都波浪式地安排训练负荷。

这类恢复措施还有利用各种形式的积极性休息，在不同地点进行训练以及进行各种换项练习。教育学恢复措施是基本的措施，因为这种措施在多年训练的各个阶段确定了生活制度，正确地安排负荷和休息。具体包括以下内容。

根据学生的身体机能合理地制订训练计划，把一般训练和专项训练手段正确地结合起来，合理安排训练和比赛的大小周期，广泛采用换项练习，精确地组织工作和休息。利用消除疲劳的手段（全面的适合个人特点的准备活动，选择训练的器材和地点，积极性休息和放松练习，形成良好的情绪）正确地组织训练课，改变各项练习间、各训练课间的休息间隔时间，制订出月、年训练周期中各种恢复措施的安排和使用的详细计划，制定出旨在加速恢复学生工作能力、改进运动技巧、学习战术动作的身体练习方法。

至于具体方法，队医和教练要根据以前训练负荷的性质和紧张程度、疲劳的性质和程度、学生的个人特点、条件和物质基础选择某些方法，并将这些方法加以搭配。

在单独的一次训练课中和期限不同的各训练周期中，各器官和系统合理地承受负荷能促使恢复过程加速，提高训练效果。

研究运动成绩提高、稳定和下降的规律，每个阶段各种比赛性负荷的关系，都有助于合理安排负荷和加速恢复过程。从一般作用和选择性作用的角度研究所用练习的特点，能更有针对性地发展身体一定器官和系统的机能，也能促进更迅速地恢复。在提高学生工作能力的过程中应保持作息平衡。

在安排训练作业时，要特别注意组织诱导部分、准备部分和结束部分。合理地安排诱导部分和准备部分有助于身体更快地进入工作状态，保证在基本部分保持很高的工作能力水平；合理地组织结束部分，能更快地消除训练后产生的疲劳。

正确选择训练课基本部分所用的练习和完成练习的方法，能保证学生保持高度的工作能力和必要的情绪状态，这同样对恢复过程有良好作用。

安排训练小周期的方法取决于各种因素。要关注各次训练课的负荷后疲劳和恢复进程的特点。

为了正确地安排小周期，要确切地知道大小不同和目的不同的负荷会对学生产生什么样的作用，负荷后恢复过程的变化和持续时间如何。了解若干次大小不同和目的不同的负荷的综合作用，以及利用中小负荷加强大负荷后的恢复过程的可能性，都有着相当重要的意义。

在组织训练过程中，各训练小周期内负荷与休息的最佳比例以及穿插减量周期（其主要作用是保证以前各小周期紧张训练后的充分恢复和为体内适应过程的进程创造最佳条件）都起着重要作用。

充分的准备活动是促进恢复过程的一种教育学措施。借助于准备活动，中枢神经系统的兴奋性能达到最佳程度，能预先动员身体的各种机能，进行紧张的肌肉活动。不重视准备活动常常是运动支撑器官出现各种损伤的原因，这不仅影响身体机能，而且往往使学生长期丧失运动能力。

准备活动的生理学实质是，其能促进大脑皮层中神经过程兴奋性和灵活性的提高，加强呼吸和血液循环，加速骨骼肌内物质代谢的生化过程。后一种现象同体温的升高、储备性毛细血管的开放有关。特别是工作的肌肉和器官中温度升高时，血红蛋白结合氧的能力下降，释放氧的作用增强，肌肉的弹性和收缩能力提高，从而预防肌肉受伤。

进行准备活动最好达到出汗的程度，这样能使体温调节机能达到必要的水平，并能改善排泄机能。

准备活动由一般性准备活动和专项准备活动两部分组成。一般性准备活动包括各种全面发展练习，如走、跑，手臂、腿、躯干等的练习。这些练习的性质、速度和形式应与学生从事的运动项目相吻合。全面发展练习能在学生体内引起一定的生化改变。一般性准备活动的时间取决于项目特点的外界条件、学生身体的机能状态、训练阶段等。选择一般性准备活动的练习时必须记住，这些练习应和基本的技能运动相结合。

专项准备活动包括专项模仿练习和符合项目特点的其他练习。从动作结构看，这些练习应与完整动作的某一部分相一致。采用这些练习，主要应和训练神经协调过程相联系，以确保参与竞技练习的各种肌肉的相互作用。专项准备活动练习的强度取决于当前工作的性质，并且应当具有个人特点。

准备活动的适宜时间以及准备活动结束与比赛开始之间的间隔时间，变动范围都很大，而且也取决于练习的性质、气象条件、学生的训练程度及个人特点（如当时中枢神经系统的兴奋状态）。

具有重大意义的不仅是准备活动的时间，还包括与即将进行的练习相吻合的动作速度和强度。动作的最佳速度和强度能保证肌肉的协调活动，各部分肌肉群的伸拉和放松练习对于调整协调性具有重要作用。这类练习有助于增大关节处的动作幅度。

在比赛过程中，很重要的一点是不要让身体发凉，要尽可能保持暖和，保持准备活动的效果。因此，在准备活动之后，一定要穿好运动服、短外衣等。在准备活动之前，常要进行涂擦发热油膏的赛前按摩，这种按摩能使肌肉发热，加速进入工作状态，防止伤害发生。在寒冷有风的天气这样做尤为重要。

在短时间无氧代谢的负荷之前进行准备活动，能提高肌肉中糖酵解的强度。准备活动之后进行训练，能使许多氧化酶的活性提高，减少磷酸肌酸的消耗，糖酵解的作用也无明显增加。其结果是，完成短时间强度极大的工作时，在肌肉系统中形成了三磷酸腺苷再合成的有利条件。准备活动对于改善工作肌肉中的血液循环也具有很大的意义。这是由于毛细血管开放的数量增多，也由于血液的重新分配，进入紧张工作的肌肉的血流增多（参与该运动活动较少的肌肉供血减少）。

观察表明，在比赛或训练前进行准备活动能更快地建立某种程度的稳定状态，比赛后血中丙酮酸和乳酸的含量也增加不多。后一种情况表明，准备活动之后进行训练时，氧化磷酸化作用的比重更大些。

**（二）医学生物学恢复措施**

在促进机体工作能力提高，防止因身体负荷产生的各种不良后果的恢复措施中，医学生物学恢复措施占有特殊地位。这类恢复措施主要有营养——恢复工作能力的主要因素。

在紧张的训练期间，特别是比赛期间，营养是提高工作能力和加速恢复过程的主要因素之一。

体内的能量代谢是人体生命活动主要的、经常的现象之一。能量代谢保证机体的生长和发育，维持形态结构的稳定性及自我更新和自我恢复的能力，而且将代谢过程的调整和生物系统的机能保持在高水平。

在神经—情绪高度紧张时发现的物质代谢的改变，说明在这种情况下，某些营养物质的需要量（特别是蛋白质和维生素）增加。

随着身体负荷的增大，肌肉活动对物质代谢产生强有力的影响。身体负荷增大，能量消耗增加，为了补充能量消耗，需要一定搭配的各种食物。身体负荷把能量代谢提高到何种程度，可按在各种身体条件和身体状态下研究能量消耗所得的结果进行评价。

肌肉工作的能量消耗与训练水平有很大关系。训练水平越高，能量消耗越少。这是因为动作协调性改进，心血管系统和呼吸系统的适应能力增强，新陈代谢过程的变化稳定。科学研究证明，在重复性的工作中，物质代谢发生这样的改变，如血中乳酸水平的变动性减小（这证明或是再合成加速，或是乳酸生成量减少），氧债偿还得更快，呼吸商也有些下降。后一种情况表明，在重复性的肌肉工作中，出现能量来源向非碳水化合物方面转换。由此可以认为，肌肉中的化学过程可能发生重大改变，这种变化取决于躯体肌肉调节系统事先出现的状态。

人体的工作能力和能量消耗在很大程度上取决于心血管与呼吸系统的机能。随着负荷强度增大，食物的消费量增加。

长时间的肌肉活动（如长距离跑），可能需要动用身体的能量储备。经过计算，一次马拉松跑的能量消耗为2000千卡，而人体内储备的碳水化合物总的能量值为650千卡。因此，在跑马拉松时，肌肉中要进行脂肪酸的氧化。在马拉松跑中，糖的利用速度减慢，所以不会完全耗尽储备的碳水化合物。

肌肉工作时用碳水化合物作为能量的来源。但是在肌肉组织中，内生的碳水化合物储备是很有限的，所以，如果把它作为唯一的"燃料"的话，经过几分钟甚至几秒钟的肌肉活动就会完全耗尽。

血糖也可以作为肌肉收缩的"燃料"，但是有个条件，那就是肌肉的血管系统要保证以足够快的速度输入葡萄糖。在肌肉收缩过程中所利用的血糖，要靠肝糖原储备的补充，而这种储备也是有限的（在人的肝脏中，糖原储备约为100克，仅够15分钟跑的肌肉收缩活动之用）。

与碳水化合物不同，体内脂肪的储备实际上是没有限制的。用脂肪作为能量来源的优点是，氧化1克脂肪产生的能量约为氧化1克储备糖原的2倍。所以，只以糖原形式储备等量的燃料，应为脂肪的2倍重。

曾经做过一些实验，用碳水化合物的食物以提高糖原的储备，但运动实践否定了这种不合生理规律的方法。

随着强度的增加，呼吸商的值接近于1，这表明糖和糖原的利用速度加快。高强度工作能使体力很快衰竭，其最可能的限制因素，是随血液进入组织的氧和营养物质是有限的。

在这种情况下，发生糖酵解作用，保证身体在很短的时间内获得补充能量。

在血液供应充足的肌肉内，糖原无氧分解产生的乳酸盐能够很容易消除。如果肌肉疲劳的原因正是乳酸盐的积累，那么随着糖原的分解，糖酵解能达到最大限度，马上就会产生疲劳，而不是细胞内的糖原储备和流经肌肉的血液中的血糖含量已经耗尽时才出现疲劳。所以，疲劳状态似乎和血糖不足有关，而神经组织的特点是对血糖的需要量很大，肌肉疲劳可以解释为供给肌肉营养的神经纤维的代谢作用暂时遭到破坏。

如果脂肪酸和氧进入肌肉的速度足以保证肌肉的能量需要，那么糖原和血糖的利用可以减至最低限度，肌肉也就可以长时间收缩而不疲劳。训练的作用在于改善血液循环（目的是供给肌肉大量的氧和"燃料"），也在于动员和氧化脂肪酸的能力。

葡萄糖作为许多组织"呼吸"基质的第一次能源起到重要作用，所以它在血液中的浓度应当是能够调节的。如果外周血液中糖的浓度高于肾脏再吸收的阈浓度，那么一部分糖就随尿排出。当糖的浓度超过标准时，肝脏有能力从门静脉的血液中排出大量的糖。

几乎所有组织中都含有糖原，但肝脏和肌肉内的糖原在体内的物质代谢中具有特殊意义。糖原是血液的储备，根据需要，糖原可以迅速释放出来。在两顿饭之间可能要部分地利用肝糖原，而夜间睡眠时，在很大程度上要利用肝糖原。体力活动也导致肝糖原加速分解。

肌肉糖原只作为储备"燃料"，用于生成肌肉收缩时所用的ATP。肌肉中磷酸酶的活性很高，因为糖原需要快速分解，以保证产生肌肉收缩所需的足够能量。骨骼肌大体可以分为两种类型：红肌（有氧代谢）和白肌（无氧代谢）。这两类肌肉既可以从外形也可以从肌肉内的代谢特点加以区别。红肌供血良好并含有许多线粒体，在有氧条件下，氧化葡萄糖和脂肪酸的能力很强（红肌特有的参与脂肪氧化、三羧酸循环、电子传递的各种酶活性很高）。通过血液提供足够的能量储备，从而保证中等强度工作时肌肉所需的能量。

如果需要比葡萄糖和（或）脂肪酸氧化所能保证的更多的能量用于肌肉收缩，那么在较长时间内可以靠糖原氧化产生补充能源。但如果能量的需要超过有氧代谢所能提供的（假如向肌肉供氧成为限制因素），那么糖原就会以无氧的方式分解，在糖酵解过程中生成乳酸盐和额外的ATP。在这种情况下，糖原应以很快的速度分解，因为无氧代谢提供ATP不及有氧代谢提供的10%。但糖原的储备很快耗尽，所以只可能在短时间内补充生成ATP。在白肌中的糖原储备比红肌中多一些。

营养的主要意义在于提高必要的能量和结构材料，以补充能量消耗与构成组织和器官。食物是含有蛋白质、脂肪、碳水化合物、维生素、无机盐、水等各种营养素的动植物产品的混合物，蛋白质、脂肪和碳水化合物在体内氧化时能释放出能量；此外，蛋白质又是结构材料（建筑材料）。各种维生素起调节作用。

运动员营养的基本要求有下述两点：一昼夜饮食的热量要符合训练的性质和负荷的大小。主要营养物质——蛋白质、脂肪、碳水化合物的比例要适当（14%：30%：56%），保证饮食质量的充分合理。根据这一公式计算饮食中每种营养素的能量值，然后用能量系数再算出各种主要营养素的重量。

例如，在饮食总热量3000千卡中，蛋白质占410千卡，脂肪占900千卡，碳水化合物占1690千卡。知道主要营养素在体内氧化的能量系数（1克蛋白质产热量4.1千卡，1克脂肪产热量9.8千卡，1克碳水化合物产热量4.1千卡），就可以算出饮食中每种营养素的重量。在本例中，蛋白质102克，脂肪97克，碳水化合物410克。蛋白质是含氮的化合物，其消耗在运动员的营养中具有特殊意义。蛋白质在体内不断消耗和重新形成。蛋白质的更新取决于物质代谢的强度。

营养平衡的原则，是在动物性蛋白质和植物性蛋白质保持一定比例关系的前提下，最充分地满足人体对蛋白质的需要。例如，白明胶虽然也是动物性来源的蛋白质，但它属于不完全蛋白质，它在肠内消化时大部分形成氨基己酸，由氨基己酸又能生成肌酸（甲胍基乙酸）。这是一种能防止组织蛋白分解的生物活性物质，因此白明胶在饮食中有一定意义。但应当明白，在大负荷（自行车赛、马拉松跑、滑雪赛、游泳等）后的恢复期，不应在饮食中加入白明胶，因为氨基己酸能抑制蛋氨酸的作用，而后者能调节脂肪代谢；氨基己酸妨碍由肝脏产生的中性脂肪的排除，从而延缓肝脏功能的恢复。

第三章

# 现代运动训练的过程监控与管理

# 第一节　运动训练过程监控的理论体系

运动训练过程监控是监控的一个下位概念，它同它的上位概念——监控一样，可以应用的范围较广，而对它概念的界定及其内涵外延研究得较少。在我国的训练学理论界，很少有学者对运动训练过程监控的概念进行系统性的研究，值得一提的是，国家体育总局体育科学研究所研究员洪平博士对训练过程监控这一问题进行了较为深入的研究，并对运动训练过程监控的概念进行了阐释。在他看来，"训练监控"其实是教练员对学生予以训练控制的一种方法，是教练员为了保证训练实施效果与预定目标的一致性，而运用监控手段测量学生的训练效果与目标的偏离情况，并对其进行及时调整，使运动训练回复到预定的轨道上来的一种方法。一方面，教练员制订训练计划，实施运动训练对学生施加训练刺激，并在训练的过程中通过对学生训练效果的各项因素的监测，来测量学生机体对运动训练刺激的反应情况，以便为下一步训练提供参考和借鉴；另一方面，在学生完成训练计划后，教练员通过训练监控可以测量学生对运动训练的反应。辅助教练员通过对学生训练的反应与训练计划中的标准评价的对比分析来得出学生运动训练的质量，为控制学生训练的质量提供依据。

洪平博士对运动训练监控的概念分析为我们探讨运动训练过程监控的内涵奠定了良好的基础，但他的分析依然存在几个问题有待商榷，如他对运动训练过程监控中的"监"进行了解释，却忽视了"控"的内涵探讨。笔者认为，运动训练过程监控是"监"和"控"的统一，也就是将以科研人员为主组织实施的运动训练结果的监测、评定与以教练员为主实施的运动训练过程调控相统一的一个过程。在这个过程中，科学的"监"是有效的"控"的前提和基础。在整个训练过程监控中，科研人员和教练员需要共同参与。

另外，洪平博士对运动训练监控的概念分析实际上阐述的是对训练结果的监控，而忽视了对整个训练过程的监控。从运动训练的整个过程可以看出，虽然每个阶段对学生训练结果的监控是十分必要且重要的，但若从发现问题、分析问题、解决问题的角度来看，仅仅对训练结果予以监控显然是不够的，它只能帮助教练员了解训练活动对学生机体的刺激情况，只有加强对学生整个训练过程的监控，我们才能在每一个环节做好对学生训练情况的把握，才能切实发挥运动训练过程监控的应有作用。

综上所述，运动训练过程监控就是为了确保学生训练过程的科学性，以科研人员为主对学生的训练过程予以检测和评定，并结合训练实施的情况对训练过程实施调控的一个统一体。这一概念包含了以下几个方面的要点。首先，考虑到运动训练过程是一个不断变化的动态过程，因此运动训练过程监控也是一个动态的过程，且这一过程会伴随运动训练活动的持续而不断予以开展。其次，运动训练过程监控的实施主体是教练员和科研人员，客体则是学生。其中，科研人员和教练员组织、控制着整个运动训练过程监控的活动过程，负责运动训练过程监控计划的制订、监控方法的选择与设计、监控过程的实施、监测结果的分析、调控信息的确定等。而学生则是运动训练过程监控的直接对象，承担训练负荷、竞技能力状况、机体机能的变化与疲劳恢复、伤病、营养等。再次，运动训练过程监控是"监"的活动与"控"的活动的统一，这就意味着教练员要在对学生训练过程中的各个因素进行监测、检查的基础上，对运动训练计划提出修改意见或建议。最后，运动训练的主要目的就是最大限度地发挥学生的潜能，提高其竞技能力和水平，运动训练过程监控的目的与任务就是通过对训练过程的不断监测、检查、评价，并对运动训练计划的制订提出调控信息，确保训练的质量。

# 第二节 运动训练过程监控的组织与实施

## 一、运动员选材

运动员选材是根据具体运动项目的特点和要求，运用科学的方法进行测试和预测，将适合该项运动的、具有一定先天优势的运动人才挑选出来，对其进行系统的、科学的、有目的的培养，使其成为一名合格的、优秀的运动员，创造优异的运动成绩的方法。

随着体育事业的快速发展，现代竞技体育运动水平正在迅速逼近人类自身能力的极限。一方面，普通的青少年是不容易成长为竞技运动的优胜者的，只有挑选那些具有一定的先天和后天条件的运动员苗子，并对其进行科学、严格的训练，才能使其登上世界竞技运动的高峰。也因为如此，乌尔默教授提出：高水平的科学训练、优化的训练环境和运动员个人的优越天赋是其成为竞技运动获胜者必备的基础。在现代体育运动训练中，挑选优秀的运动员苗子已经成为运动训练最重要的一步。另一方面，运动选材有助于充分挖掘和利用运动员的先天运动天赋。这里的先天运动天赋就是指运动员或运动员苗子所具有的稳定的、没有经过训练便已经具备的、随着运动员生长而自然产生并发展的、表现出的运动潜能和能力的综合。在运动员选材的过程中，一般都会对备选运动员进行各方面的调查和测试，而这些调查和测试都有助于教练员发现备选对象身上的某些运动天赋，尽可能早地对其进行培养，避免贻误人才。从这一层面来说，科学的运动员选材可以及时为运动员确定未来的发展方向，并预测其最佳的年龄区间，提高运动员训练过程的科学合理性，保证训练目标的实现。

## 二、运动训练计划的制订

### （一）运动训练计划的概念

运动训练计划就是在训练过程开始之前，为实现训练任务和目标，对训练内容、步骤及其要求所做出的理论设计和安排。当今运动训练计划要想取得切实良好的训练成果，除了制订的训练计划必须科学合理，符合运动员的身体机能发展规律和运动潜能激发特点之外，还要具有创新性、差别性、育人性的特点。

### （二）运动训练计划的运用

根据适用时间的差异，可以将运动训练计划分为年度训练计划、阶段训练计划、周训练计划和课训练计划，因此，对运动训练计划的运用也可以从这些方面入手。由于篇幅原因，这里主要分析年度训练计划和课训练计划的运用。

**1. 年度训练计划的运用**

年度训练计划的总体安排涉及的内容较多，因此必须从系统的观点出发，使整个安排科学合理。需要提出一些定量指标，并使各方面的指标相关协调和系统连贯。

**2. 课训练计划的运用**

训练课计划的制订，要求更为具体和详细，不仅要讲究训练手段，提出负荷要求，还要考虑场地器材、组织形式以及制定现场恢复的措施，考虑如何记录、评价训练课的进行和计划执行情况。

## 三、运动竞赛的组织

### （一）运动竞赛的意义

运动竞赛是体育活动的常见形式之一，是以一定的规则为依据，以争取优胜为目的的比赛活动。运动竞赛的组织可以吸引和鼓励人们参加体育锻炼，推动群众性运动项目的普及和发展，推动体育运动水平的提高和普及。同时，运动竞赛的组织也能让观众受到高尚体育道德作风的熏陶和激励，丰富人们的业余文化生活。此外，运动竞赛还能使不同国家、民族、地区的体育爱好者和运动员聚集在一起，加强国内外各民族人民之间的联系，增进世界各国人民之间的相互了解和友谊。

现代运动竞赛具有更加广泛的国际性和紧张激烈的竞争性。以国际体育运动竞赛中规模最大的奥林匹克运动会为例，它一般采用统一的规则和标准，并且包括多种竞赛项目，如田径、游泳、足球、篮球、排球等。此外，这些赛事的影响力也很大，全世界有很多人都在关注这些赛事。

**（二）组织运动竞赛活动的工作程序**

运动竞赛活动的组织管理是一项非常复杂且十分具体的工作，特别是一些规模较大的运动竞赛，它们涉及诸多部门和人员，组织工作也纷繁复杂，若组织不当，很可能出现混乱的局面，如里约奥运会上的绿色泳池等。因此，一般规模较大的运动竞赛都会成立大会组织委员会（或筹备委员会）及相关下属部门予以系统组织开展。

组织委员会是在主办单位的领导下，由各方有关代表人员组成，负责组织和领导竞赛的全部工作。组织委员会下设若干工作机构，负责各项工作组织。

# 第三节 运动训练的处方

## 一、营养处方

营养是人体获取和利用食物中的养料以维持生命活动的综合过程，是保证人体正常生长和发育的重要因素。营养与运动的科学配合，可以更有效地促进身体的生长发育和提高健康水平。

### （一）运动营养误区

第一，运动后要大量饮水。在气候炎热的条件下运动或剧烈运动后，虽然很渴，但还是应该稍事休息或调整后再补充一定量的水，且不应该饮冰水，否则对人体健康不利。因此，运动后需要补水，但补水量应控制在每次150～200毫升，每20～30分钟补一次，每小时的补水总量≤600毫升。运动时间较长时，还可以在运动中适当补水。

第二，多进食，以补充运动中的消耗。热爱运动，特别是喜爱刺激性项目的人，或是挑战成功后，总喜欢犒赏自己一顿美餐，以补充运动中的消耗为由，美美地大吃一番。这种做法不利于健康，往往事与愿违。人体需要的能量靠食物提供，食物中的碳水化合物、蛋白质与脂肪是人体能量的三大来源。人体对能量的需要应该以消耗为依据，消耗与摄取二者平衡才能健康。运动后暴食暴饮，会造成摄取大于消耗，出现运动效果流产或负增长的现象。因此，运动后应该注意合理进食，改正不良饮食习惯。

第三，空腹运动有益于健康。人们已经对饭后立即运动容易引起胃炎、消化不良等症状有了较多的了解。于是，很多人开始在清晨空腹运动，并认为夜里消耗小，体内能量储存丰富，运动前不吃食物没有关系，其实不然。人体为了维持晚间的基础代谢，已经消耗了摄入体内的物质，清晨的血糖水平已较低，糖原储备减少，且人体内脑组织的能量完全依靠氧化血糖获得。运动前空腹，由于血糖低、糖原储备少，血糖浓度将迅速减低。于是，首先引起的是脑与交感神经的功能受影响，出现头晕眼花、心慌等症状。因此，空腹运动不可取，运动前应适当进食，以正常食物量的1/3～1/2为宜。

**（二）运动与营养素**

营养素是指能在体内消化吸收，供给热能，构成机体组织成分，调节生理机能，为机体进行正常物质代谢所必需的物质，包括蛋白质、脂肪、糖类、维生素和水等。

**1. 运动与水和电解质**

（1）水的生理功能

水是人体最重要的组成成分，是仅次于氧的维持生命的必需营养物质。若人体内水分丧失达到20%，生命是无法维持的。机体内的一切生物化学变化都必须有水的参与，水占成人体重的60%左右。水在人体内的主要生理功能有以下几个方面：它是构成机体的主要成分；它参与全身所有的物质代谢，负责完成机体的物质运输；它能调节体温，保证腺体正常分泌。

（2）人体运动时水的作用及运动补液

水在人体内除具有运输养分和代谢废物，组成细胞液、润滑等重要作用外，对调节运动时的体温和保持热平衡也极其重要。人在剧烈运动时，体内产热增加，当环境温度达到人的皮肤温度时，出汗成为调节体热平衡的主要途径。运动时的出汗与运动强度呈正相关，但也受运动持续时间、气温、热辐射强度及湿度等多种因素的影响。一次大强度运动如果得不到及时的补液，则会引起脱水，体内环境失去稳定条件，使运动能力受到损害。

运动中的水分需要量因运动量和出汗量的不同有很大的差异。一般单凭主观的口渴来掌握饮水量是不够准确的，较好的指标是身体的出汗量。运动中补充的水量以达到出汗量的80%～90%为宜（出汗量由运动前后的体重变化来测估）。水分的摄取量应以保持水平衡为原则，水的补充应采取少量多次的原则。由于人体在运动中大量出汗的情况下最需要补充的是水，因此要求饮料能尽快地通过胃肠进入血液。一般情况下，如果运动时间不超过60分钟，补充纯水即可；如果超过1小时，则应补充含电解质和糖的运动饮料。

## 2. 运动与维生素

维生素是维持人体生命和调节正常生理机能的一类有机化合物，是人体所必不可少的。维持正常的生理机能只需要少量的维生素，但是维生素在人体内只有很少的储存量，需要经常性地从食物中获取。

近几十年来，人们认识到维生素对生命来说是必需的。Vitamin（维生素）这个词是由vita和amine两个词派生出来的，vita是指生命所必需的，amine是指含有氮。实际上，并不是所有的维生素都含有氮，只是最早发现的维生素B的结构中含有氮。但后来的研究证明，在自然界中只有少数维生素含有氮，所以就把末尾的e去掉。这样"维生素"一词就代表了一大类范围很宽的营养素。

自然界中各种维生素的化学结构是不一样的，维生素的化学结构对初步了解维生素在饮食中所起的作用并不重要，但这些营养素的化学性质在我们考虑维生素在人体中的复杂交互作用时却是很重要的。

维生素分为两大类：一类是脂溶性维生素，即维生素A、维生素D、维生素E和维生素K，这四种维生素可溶于油脂溶剂中，为血液脂质部分所携带；另一类是水溶性维生素，包括硫胺素$B_1$、核黄素2、烟酸、吡哆醇、维生素H、泛酸、氰钴铵素和抗坏血酸。最初人们认为这些维生素可分为两种基本类型，即B族维生素和维生素C，随着人们越来越多地获得了有关体内每种营养素的化学性质和确切功能的知识，人们便试图抛弃B族维生素的数字命名法。虽然许多人仍继续使用它们的缩略名称，但现代营养学家们一般是用描述每种维生素化学性质的名称来称呼维生素的，例如，硫胺素是含胺（氮）的分子，故用"硫胺素"比用"维生素$B_1$"表示更加确切。

从营养方面来说，维生素还可以分为另外两大类别，它们是维生素原和抗维生素，维生素原是几乎没有维生素活性的物质，但在体内把它们转化为公认的维生素形式之后却是有活性的。例如，维生素中的胡萝卜素在肠道中转化为维生素A；7-脱氢胆固醇在皮肤、肝脏、肾脏中转化为维生素D；色氨酸是通过代谢转化为烟酸的氨基酸。

抗维生素是生物学上不可能起维生素作用的物质，但它在人体某部分中成为一些络合物的组成部分，而在人体的这一部分常会发现有活性的维生素。实际上，即便有维生素存在，人体也不会感受到维生素的益处，因为别的不活泼物质取代了它。

明显缺乏维生素，将发生特殊的临床症状。总的来说，要经过长期食用营养不足的饮食之后才会出现严重的维生素缺乏症状。当人们没有足量摄取其短期内所需要的维生素时，个别人常常不会表现出缺乏维生素的症状，但可能会感到身体不舒服，如感到疲劳、无精打采和记忆力衰退。

如果一个人全面地食用各种食品，那么很少会缺乏某些营养素。如泛酸和生物素之类的维生素几乎在所有的食物中都可以找到，所以大多数饮食都很容易满足人体对这些营养素的要求。对那些需求量较少的维生素，很少出现缺乏症状。另外，人体内存在着合成少数维生素的各种途径，因此凡是需要的营养素总是能够得到的。例如维生素D，皮肤经阳光照射后就能制造维生素D。可是在冬季，人体被衣服裹住，不暴露在阳光之下，这时就应当在饮食中摄取维生素D。只要饮食中有足够的蛋白质，人体就可以利用氨基酸、色氨酸来制造烟酸。只有在饮食中蛋白质含量很低且缺少色氨酸的来源时，才会有营养上缺乏烟酸的现象。

人们要将某些营养素添加到加工食品中，使加工食品在营养上等于或胜过未加工产品，用硫胺素、核黄素、烟酸和铁来强化白面包与面粉就是这样的一个例子。这种强化的面包不含有与全谷粒同样的维生素和无机物，在强化面粉中，纤维素、某些维生素和某些无机物的含量较低，但强化面粉制品仍然是营养食品。

人们创造了许许多多传统的食品预处理方法，而很少考虑到预处理食品的营养价值。为延长保藏期，而使用大量水来预煮蔬菜这一传统做法虽然可以让人们得到极软的制品，但有可能引起水溶性维生素和热敏维生素的大量损失。东方人在用糙米蒸饭之前有进行冲洗的习惯，在蒸煮食物前就已经导致水溶性硫胺素的损失。

实际上，更重要的是要知道食品中含有的营养素，同时要用适当的方法来处理食品，从而最大限度地保留营养素。总的来说，保留营养素的关键在于适度，这就是说，在蒸煮温度和预处理用水量方面要适中。多数加工食品都已经采用了保留最佳感观和营养标准的方法来进行加工。家庭制作的食品，由于设备和经验上的差别，就不一定能达到这样高的营养标准。

### 3. 运动与蛋白质

蛋白质在人体内的主要生理功能具有多样性，主要有以下几个方面：第一，定期更换组织。人体各种组织每天都在不断地进行更新，旧的组织不断地分解，并合成新的组织，在各种组织的更新过程中就必须有足够的蛋白质来满足其生理需要。第二，组成体内必需的酶、激素等活性物质。摄入体内的营养素要消化、分解，进行代谢，起一些化学变化，就需要多种促进变化的酶。氨基酸是合成体内蛋白质的原料，若供给不足，就会造成体内蛋白质合成障碍，而且还会出现特异性缺乏症症状。如苏氨酸缺乏时，就会出现脂肪肝。有些氨基酸过量又会发生中毒现象，如蛋氨酸中毒会出现生长迟缓，低色素性贫血，肝、脾、胰的退行性病变，肾脏肥大，白细胞增多等症状。第三，提高免疫力。人体可以通过各种途径产生一种能够增加抵抗力，避免感染的抗体。抗体都是由蛋白质形成的，虽然抗体有多种，但都是免疫球蛋白，或称抗体球蛋白。球蛋白是正常人的血液组成部分。第四，保持血液和体液的正常成分。体液是指人体所存在的各种液体，如胸腔、腹腔、关节腔内存在的液体及细胞内、外液体和血液等。蛋白质可调节体液在细胞内的流动及体液出入血液。由蛋白质组成的细胞膜有一定的渗透性，可抑制水分及其他物质的移动，维持血液和体液的正常成分。

蛋白质与人体运动能力有密切关系，如肌肉收缩、各种生理机能的调节等。氨基酸氧化还可为运动提供一部分能量，一般情况下，氨基酸在运动中供能的比例相对较小，但在体内肌糖原储备耗竭时氨基酸供能可达10%～15%。这取决于运动的类型、强度和时间。氨基酸主要通过丙氨酸—葡萄糖循环的代谢过程提供运动中的能量。

### 4. 运动与脂肪

通常所说的膳食脂肪主要包括甘油三酯、胆固醇和磷脂等。食品中最普遍的脂肪种类是甘油三酸酯。脂肪类似于碳水化合物，也含有碳、氢和氧原子，只是比例不同。脂肪中每单位碳和氢所占有的氧要比碳水化合物中的少，因此脂肪在代谢中完全燃烧所释放的能量要比等量碳水化合物释放的多。从化学上说，甘油三酸酯是由1分子的丙三醇组成的，丙三醇是构成甘油三酸酯、甘油二酸酯、甘油一酸酯以及磷脂的主干结构。甘油二酸酯和甘油一酸酯在食品中出现的量不多，这两种类脂分别有2个和1个脂肪酸连接到丙三醇主干上。

在食品中，甘油三酸酯分子中有很多种脂肪酸。脂肪酸是碳、氢、氧的长链分子。有些脂肪酸是饱和脂肪酸，即每个碳有2个或3个与它相连接的氢原子。在碳原子和氢原子之间我们用一根单线（表示单键）来表示碳—氢键。不饱和脂肪酸的碳原子之间有双键（两根直线），每个连接在双键上的碳原子仅有1个氢原子与它相连接。因此出现了1个对氢来说尚未饱和的碳。有些脂肪酸是多元不饱和的，因为它们有2个或更多个双键。丁酸和硬脂酸是饱和脂肪酸，而亚油酸和亚麻酸是多元不饱和脂肪酸。

人们饮食中脂肪的主要来源是动物性食品。动物脂肪含有占优势的饱和形式的脂肪酸，而来自植物的脂肪则含有丰富的不饱和脂肪酸。全乳含3.2%的脂肪，它的热量有58%是由脂肪提供的，其余的热量则由蛋白质和碳水化合物提供。绞细的牛肉含有28%的脂肪，脂肪提供的热量占72%。食品供应的全部脂肪中，肉、鱼和家禽提供的脂肪占34%，这种脂肪基本上是无形脂肪。乳制品提供13%的总脂肪，而面粉和谷物制品仅提供1.5%的脂肪。

水果和蔬菜含有少量脂肪，在饮食的全部脂肪中仅提供1%的脂肪。其中，包括豆类和种子在内的豆科植物含脂肪的比例较大，大豆有18%的脂肪，花生有48%的脂肪。含脂肪量比较显著的水果有鳄梨和成熟的油橄榄。

脂肪是机体运动时的能量来源。作为能源物质，脂肪具有产热量高的特点，但必须在氧供应充足的情况下，脂肪酸才能氧化供能，其耗氧较多。在氧不充分时，不仅不能完全氧化，而且其代谢的中间产物酮体的增加会对机体产生不良的影响。因此，一般在运动强度小于最大摄氧量的55%的长时间运动时，脂肪才能作为主要的供能物质。

## 二、运动处方

### （一）运动处方概述

医学处方的组成包括药物名称、剂量、每天服用次数、给药途径、持续给药次数、注意事项。运动处方的组成与医学处方类似，根据频率、强度、时间和类型开运动处方。在开医学处方时，医生可能告诉患者从小剂量开始，然后逐渐增加到治疗全量。同样地，为从不参加运动的患者开运动处方，也要从最低水平开始，先解决规律运动的基本问题，鼓励和指导患者开始小量运动，逐渐达到运动医学会推荐的最低运动水平。因此，除了开始时描述的"剂量"外，运动进程也是运动处方的重要内容。

第一，运动频率，即每周从事运动的次数。在所进行的运动量与从运动中获得的健康益处之间存在剂量—效应正相关关系。运动量即运动频率与运动时间的乘积。因此，患者每周运动得越多，其获得的长期运动益处将会更大，但在患者刚开始运动时，通常不是这样的。

第二，运动强度，即运动的用力水平。现在有很多方法测量运动强度。某些方法比较简单，但客观性稍差，而另外一些方法较客观，但需要较大设备和简单计算。一般来讲，我们推荐简单客观性稍差的运动强度测定方法，如"谈话试验"和"主观用力感知量表"（Rating of Perceived Exertion，RPE）。在一些情况下，人们需要应用或了解较客观的运动强度测量方法。

主观运动强度测定法。客观性最低而方法最简单的运动强度测定法是"谈话试验"。当受试者在低强度运动时，应能够在运动中说话或唱歌。在中等强度运动时，谈话还是比较舒适的，但唱歌就比较困难，因为唱歌需要较长的呼吸。高强度运动时，唱歌和长时间谈话就完全不可能。稍微精确点但仍然容易进行的主观运动强度测定方法是"感知的主观用力程度"。最初的主观用力感知量表Borg量表最低6分，最高20分。目前这个量表已经被简化成10级积分量表，它的强度从0级到10级。如果患者没有明显的心血管疾病风险因素，一般采用10级主观用力感知量表。

生理性/相对运动强度测定法。较客观的运动强度测定法包括最大摄氧量百分比（%$VO_2max$）、最大摄氧量储备百分比（%$VO_2R$）、最大心率储备百分比（%HRR）和最大心率百分比（%HRmax）。还有某些更客观的运动强度测定法用于正式的运动试验。最大心率百分比或许是最容易但不是很精确的测定方法。例如，以中等强度进行的运动，只需用"220-年龄"法求得该患者的最大心率，即可计算出来64%～75%HRmax。虽然这个方法简单，但这个公式的变异性较大，并且对40岁以下的患者可能低估了最大心率，而对40岁以上患者却可能高估其最大心率。一般来讲，男女患者均是如此规律。更精确但较复杂的公式是206.9-0.67×年龄。临床医生可以根据情况决定用简单方法还是较精确的方法。

绝对运动强度测定法代谢。当量（Metabolic Equivalents，METs）代表完成已知运动任务，如上两段楼梯所需要的绝对能量消耗。1METs几乎接近人体在完全休息状态下的能量需求。在描述各种运动强度时，METs是非常有用和方便的指标，也有助于确定不同运动任务的强度。然而，要达到该运动任务的运动强度是相对于个体的功能储备能力而言的。例如，一个积极运动的、健康的人可能认为爬两段楼梯是低强度活动，而另一个不爱活动的、慢性病患者则认为它是高强度运动任务。

第三，运动时间，即运动持续的时间。一般来讲，几次至少持续10分钟的运动累加起来就构成了一天的运动时间。

第四，运动类型，行走是初次参加体力活动的久坐少动患者最常采用的锻炼形式。另外，还有诸多运动形式，如家务劳动、职业活动、业余体育活动等。

总之，给患者开运动处方时应包括运动频率、运动强度、运动时间和运动类型。尽管为患者开具运动处方时主要关注有氧运动项目，但美国运动医学会和美国心脏协会也推荐在运动计划中应该包括抗阻力量训练项目。此外，还有许多其他项目需要医生和患者共同考虑，包括柔韧性项目（特别是对老年人）和神经肌肉训练。

### （二）运动处方的实施

运动处方的实施一般包括两部分，即准备活动部分和基本活动部分。每个部分都有不同的内容，训练者在按照运动处方进行训练时要加以注意。

#### 1. 准备活动部分

准备活动部分对训练者开始参加运动训练具有非常重要的作用，它有助于训练者的身体实现从安静状态到工作（运动）状态的逐渐转变，使机体能够对运动强度较大的训练部分的运动慢慢适应，这就极大地降低了心血管、呼吸等内脏器官系统因为突然承受较大运动负荷而产生意外的可能性，也能够使肌肉、韧带、关节等运动器官损伤的概率减小。

在准备活动部分中，常采用运动强度小的有氧运动和伸展性体操，如步行、慢跑、徒手操、太极拳等。准备活动部分的时间是非常灵活的，可根据不同锻炼阶段的需要做出改变。

#### 2. 基本活动部分

运动处方中最重要的内容就是基本活动部分，它是运动训练者达到其健身或者康复目的的主要途径。在进行这一部分内容的实施时，其运动内容、运动强度和运动时间都应该按照具体的运动处方的规定来实施。

# 第四章

# 初中学生的身体素质训练

# 第一节 初中学生的力量素质训练

## 一、力量训练的基本原则

### （一）超负荷原则

当肌肉或肌肉群受到超负荷训练后，力量会得到很有效的发展。超负荷就是用某人最大负荷或接近最大负荷进行训练。采用大负荷能迫使肌肉进行最大收缩，因而能刺激人体产生一系列的生理适应性变化。这种适应性变化能导致肌肉力量增加。较小的负荷只能使肌肉保持原有的力量水平，而不会有所增加。

### （二）循序递增负荷的原则

在力量训练过程中，随着力量的增长，原有的负荷对于增长肌肉量将不再成为超负荷量了。也就是说，当力量获得增长后，原来的负荷就逐步变为小负荷了。因此在整个力量训练过程中，要定期增加有关肌群所阻抗的负荷。什么时候采用新负荷，有一个测定方法：给运动员一个负荷，计算他举了几次出现疲劳。如训练开始，以80磅的负荷进行臂弯举，反复举了8次出现疲劳，这一负荷一直用到他能举12次了，这时可以再增加重量，上升到一个新的负荷。负荷增加多少呢？应加到刚刚能举8次为止。在训练中，还可按需要进行调整。这样，有关肌肉始终处在超负荷状态下工作。

### （三）力量练习安排的原则

力量训练中，要使大肌群先于小肌群受到训练，这样安排的理由是小肌群先于大肌群出现疲劳。因此在小肌群出现疲劳前，大肌群应先受到训练，使大肌群得到超负荷锻炼，如腿部和腰部的大肌群就应该比臂部的小肌群先练。

训练程序应这样安排：同一肌群不要连续接受两个连续练习，这样可保证每组练习后，有关肌群能有充分的恢复时间，如卧推和挺举不能连在一起进行，因为做这两个练习所使用的肌群基本是相同的。应将不同肌肉群的练习交叉在一起进行。为发展背部和大腿后部肌肉的力量，最好采用直腿体前屈提铃练习；发展小腿和踝关节的力量，采用负重提踵练习为宜，二者分配要得当，使各主要肌群都得到训练，并使大肌群先练，也可避免相同肌群的练习发生重复。

### （四）专项力量训练的原则

力量的发展有其专门性和运动形式的特殊性，也就是说，有其运动技能的特殊性。力量练习要同专项运动形式尽可能接近。比如，为改善足球踢球技术而增加踢球力量，在力量练习中，负重练习必须包括踢球所使用的肌肉，用力形式也要一样。运动机能的特殊性在某些项目中尤为明显。参加两个不同项目的运动，即使使用的肌群相同，但运动的形式可能不一样，如具有良好足球运动素质的学生去打篮球，就会显得很吃力。运动形式的特殊性在个别项目中表现得更为突出，如参加短跑的运动员去跑马拉松就不行了（反之亦然），但从事这两种运动的肌群是一样的。

运动技能的专门化，至少可以用支配骨骼肌行动的"力量—速度"关系加以说明。在特定运动中存在着肌肉力量和运动速度这样一对关系。在很多项目之间尽管参与运动的肌群相类似，但各具特定的力量速度关系。

这种特殊性的生理机制还不完全清楚。有研究认为，在不同肌肉中，甚至在同一肌肉的不同运动单位中，神经肌肉活动的协调因素改善，也影响肌肉运动的特殊性。如果情况是这样，这种特殊性不仅反映出肌肉本身的变化，而且在中枢神经系统内也发生变化。

除运动技能的专门性以外，训练所产生的力量增长还有一些特殊性：肌肉活动所在关节的角度；肌肉收缩形式。关节活动的特殊性在等长收缩时表现得特别明显，因为等长收缩通常是在关节的某一个固定角度上进行的。训练后，该固定角的肌力增长最大，别的角度力量没有变化。力量发展和肌肉收缩形式是一致的。动力性训练主要增长动力性力量，而不是静力性力量。等动训练也是这样。有研究认为，快速等动训练能使肌肉动力性力量增长，而慢速等动训练却不行。要从任何一种力量训练中获得最大效益，应遵循下述几条原则。

（1）肌肉必须承受超负荷，也就是接近或达到最大负力。

（2）超负荷原则必须贯穿训练的全过程。

（3）大肌群要先于小肌群受到训练。

（4）对同一肌群不能施于两个连续的练习。

（5）力量训练必须对实际用到的肌群进行训练，并要尽可能使练习形式接近实际运动形式。

## 二、各运动项目力量训练的结构

下面先将各类收缩形式的特点归结一下。

等张收缩（动力性向心收缩）：张力增加时，肌肉缩短。

等长收缩（静力性）：肌肉张力增加，长度不变。

等动收缩：肌肉张力增加的同时，肌肉缩短，在整个运动范围内，肌肉缩短速度恒定。

离心收缩：肌肉张力增加的同时，肌肉长度也增加。

因为各种形式的收缩在大多数运动项目中都不同程度地存在着，所以有必要讨论如何根据不同的收缩形式设计训练计划。

### （一）等张收缩训练

等张收缩训练包括各种抗阻力练习。典型的有不同重量的杠铃练习，万能练习器（一种专门的联合力量练习器械）上的练习和其他器械练习。

较为系统的力量训练计划最先是由迪罗麦（Delorme）和瓦金斯（Walkins）在多年前设计的。尽管他们的训练计划主要是从健康角度提出的，但其中一些基本原则至今仍为运动员所遵循。最重要的原则之一就是重复最大负荷（RM）。重复最大负荷就是在肌肉出现疲劳前让肌肉或肌肉群完成一定次数的最大负荷工作。比如，某人将测定的重量在重复举8次后出现疲劳，那么对他来说，这个重量就是一个最高能重复8次的负荷（简写为8-RM）。而对另一个人来说该负荷可能为10-RM，即使对同一个人来说，如果肌肉力量增加了，8-RM也可能变为10-RM。

为使肌肉群得到训练，迪罗麦和瓦金斯是这样安排等张训练的：

第一组以1/2的10-RM负荷重复10次。

第二组以3/4的10-RM负荷重复10次。

第三组以10-RM负荷重复10次。

现在分析一下这一训练安排的结构：练习分为三组，每组练习中各次重复之间没有休息。可以看出，前两组练习不是最大负荷，只有最大负荷的1/2到3/4，特别是第一组，只有最大负荷的1/2。如果10-RM负荷是80磅，10-RM的1/2是40磅；第二组是60磅，是最大负荷的3/4；第三组是80磅。这样无论前两组实际负荷是多少，都只是准备活动性质的，只有第三组才满足超负荷的要求。根据超负荷量递增的原则，运动员对10-RM能进行15次重复时，就应增加负荷，建立新的负荷指标。

现今，大多数等张收缩力量训练都是按照这一基本原则设计的。但也出现了几个问题：每组练习重复多少次是最佳次数？为发展肌肉的力量和耐力，用多大重量作为RM负荷？要最有效地发展力量和耐力，每周需训练几次？一组要练多少周？为获得理想的肌肉力量和耐力，只制订一个训练计划可不可以？

**1. 组数和每组重复次数**

在任何情况下都不能完全肯定哪一种训练一定比别的更好，更有利于提高肌肉力量和耐力。采用等张收缩训练，随组数和RM的不同，训练效果也不一样。次数和负荷量最少的1组2-RM和最多的3组10-RM，均能明显地增加等张力量。另外，练习组数和RM的不同搭配，都可收到同样的效果，如3组2-RM、2组6-RM和1组10-RM的力量增长率一样，都为25%。但3组6-RM的练习增长力量的效果最好。然而另一项研究认为，不管是3组2～3-RM、5～6-RM还是9～10-RM，力量增长率都一样。在第三项研究中发现，如果只做1组，RM从3～9效果最好。第四项研究认为，6组2-RM、3组6-RM和3组10-RM力量增长较明显，并且三者的效果都一样。总结上述研究，可以认为，训练组数为1～6组，每组的负荷为2-RM至10-RM，这样的训练都能显著提高动力性力量，而采用6组重复更多次数的负荷训练花时间太多。

**2. 训练次数和周期**

早先在迪罗麦和瓦金斯设计的计划中，每周安排4次力量训练被认为是长期坚持力量训练的最大频率。现在的力量训练都倾向于每周安排3次，这样，力量增长效果好，也能避免出现慢性疲劳。大负荷训练期间，因不能充分恢复而引起的疲劳是训练的大敌。因此，不仅在日与日之间，组与组之间也要经常强调适宜的恢复过程。

**3. 肌肉的力量和耐力**

肌力的定义是指肌肉最大的收缩力量。而肌肉耐力是指某一肌群在一段时间内反复举起某一负荷的能力。按传统的讲法，要提高肌肉动力性力量，练习重复次数要少，负荷量要大；而提高肌肉耐力，却要次数多，负荷量小。尽管许多权威人士认为，"力量"训练和"耐力"训练之间要有区别，但没有科学的依据来证明这种区别。而实际上许多研究都表明，大负荷量重复次数少和小负荷量重复次数多的训练，产生的效果几乎相同。

**4. 运动员基本的等张训练方法**

绝大部分体育活动都有人体主要肌群参加，因此，一套基本的动力训练方法必须有发展这些肌群的核心练习形式。

开始训练时常碰到一个如何确定起始负荷的问题。最好的办法是反复测试，如想用10-RM负荷来训练，则运动员可试举一下各种不同的重量，以确定多大重量该运动员举10次正好达到筋疲力尽。在某些力量训练中，有时只要知道运动员的体重或者他所能举起的最大重量，即可大致推算出起始重量。比如进行10-RM的推举或臂弯举练习时，以1/3体重加10磅作为起始负荷；而卧举时，肩负重前屈体或负重下蹲则用1/2体重加10磅。如果知道运动员最大举起重量，那么进行挺举、卧推、臂弯举或负重下蹲时的起始重量为最大举起重量的40%左右。这些方法虽然可行，但最好还是让运动员经测试确定各自的起始重量。

**（二）等长收缩训练**

等长收缩是肌肉对抗固定阻力的收缩形式。德国两名学者赫廷格和穆勒报道说，每天以2/3的最大力量进行一次持续6秒钟的静力收缩，每周5次，平均每周可以增长5%的力量。从那以后，等长收缩训练（静力收缩训练）的方法就在美国流行起来了。

正如预期的那样，上述发现改变了整个力量训练的概念，引起了许多等长收缩训练方面的新研究，而这些新研究大都没有证据支持前面讲的力量增长率每周可达到5%的论点。但这些新研究都证实了上述方法可显著地增长力量，这一点是肯定的。

**1. 收缩次数和收缩强度**

关于等长收缩的次数和强度已经进行了不少研究。科学工作者们想知道进行一次或几次最大力量收缩时能否比赫廷格和穆勒倡导的2/3最大力量收缩更有效。有关这方面的研究结果是混乱的。例如，有一项研究是用2/3最大力量每天进行1次静力收缩和每天用80%最大力量进行5次静力收缩相比较，力量增长率差不多。另一项研究是由中学生组成的不同实验组，他们分别以25%、50%、75%和100%的最大力量进行静力收缩训练，每天进行1次。除25%的组以外，其他各组力量都获得了较大的增长。其他的研究结果说法更为不同。穆勒主持的一项研究结果认为，每周5次，每次进行5～10次持续5秒钟的收缩训练，效果最好。

从实用的观点来看，穆勒提出的这种以最大力量做5～10次的训练方法似乎是不错的，因为如果想以一定的百分比用力是很难做到的。

虽然以50%最大力量进行训练也能使力量增长，但还是全力以赴为最好。至于静力性耐力，是指肌肉保持静力收缩的能力。

**2. 静力性训练的周期和次数**

早期的静力性训练一般为每周5次。但曾有报道说，每周进行3次训练也能使力量和力量耐力得到发展。这样看来，无论每周训练几次，训练周期至少4～6周。若要获得更大的力量和力量耐力，需要延长训练周期。

**3. 关节运动角度**

等长训练中，力量增长是在所练习的关节角上最大。以最大力量做3次静力性屈肘练习，每次持续6秒钟，关节角度为170°，会发现肌肉在这个角度的力量大大超过90°。因此，要想全面提高静力性力量，训练时必须多练几个角度，只做一个角度的训练是不够的。在训练中，这也是静力性训练的一个缺点。

**4. 功能性等长训练**

功能性等长训练实际上是等长收缩和等张收缩相结合的一种练习形式。动作开始时，运动员进行快速或爆发性的等张收缩，然后固定不动转为持续数秒的等长收缩。这种训练方法可以获得等长和等张两种收缩形式的好处。

**（三）等动收缩训练**

等动收缩训练是在整个关节活动范围内，肌肉群始终以最大张力进行收缩的训练方法。这种训练是借助于一个可控制运动速度的专门设备来完成的。

**1. 速度特点**

等动训练的特点之一就是在训练时，其运动速度能够控制，这就是等动训练同一般训练之间最重要的不同点。在绝大多数运动项目中，一个动作的各阶段，肌肉收缩速度是不同的。我们已知道了肌肉力量和运动速度之间的关系，在直角坐标上，它是一条由上向右下方延伸的曲线，特别是肌肉中白肌纤维比例较高的运动员更是这样。训练无法改变肌纤维类型。那么通过等动训练，能否使速度—力量曲线向右上方移动？

为回答这一个问题，部分学者做了一些研究。他们研究的途径各不相同，其中有一项研究是让两组受试者进行等动训练，每天练3次，共练6周，然后看其股四头肌力量和耐力的变化情况。训练是围绕膝关节以最大力量进行2分钟的屈伸练习，其中一组以慢速进行训练，关节转动每秒36°；另一组以快速进行训练，关节转动每秒108°。结果发现，慢速训练组只能大大提高慢动作的力量。而快速训练组训练后，不仅以该速度收缩时，力量提高了，而且以较慢速度收缩时，力量也提高了。换言之，通过快速等动训练，整个速度—力量曲线会向右上方偏移。

另外，我们已经知道快速训练提高的快动作的耐力比慢速训练提高的慢动作的耐力要大。有人曾对两种不同速度的训练做了一次研究。训练内容是卧推、臂弯举、压腿和体前屈提铃等练习。训练共8周，每周3次，其中一组以24°/秒的速度训练；另一组速度为136°/秒，慢速组共做3组练习，每组重复8次；快速组也做3组练习，每组重复15次，所有的练习均以最大力量进行。这一实验再次证明，快速训练不但能提高快速运动力量，也能提高慢速运动力量。而慢速训练只能提高慢速运动力量。综上所述可归结为三点：一是慢等动训练只增加做慢动作的力量；二是快等动训练使快速和慢速动作的力量都得到提高；三是快等动训练提高的快动作耐力比慢等动训练提高的慢动作耐力更大。

要想通过等动训练使速度—力量曲线向右上方偏移，只有快速等动训练才能做到。

**2. 运动员的等动训练计划**

由于研究不够，目前还不能提出一个系统的等动训练计划。但如试图制订一个计划，下述几点仅供参考：①每周训练以2~4次为宜；②训练周期至少6周或6周以上；③要结合专项特点进行练习；④训练时运动速度尽可能和专项运动动作一样快或更快；⑤每一练习要做3组，每组以最大力量做8~15次。

**（四）离心收缩训练**

多年来，人们对离心收缩训练的兴趣一般都不大。但有些学者发现，肌肉离心收缩张力要比向心收缩张力大40%，这使他们产生了很大的兴趣。过去一个时期，学者们曾认为，在这种情况下理应通过离心收缩训练来使力量增长更大。为证明这种假设，做过好几项研究，结果表明，以最大的离心收缩力量进行训练，其所能增加的力量并不比同样条件的向心收缩训练大。实际上，无论是离心收缩训练还是向心收缩训练，都会使向心收缩力得到同样的提高。

在离心收缩训练的开始几天里，肌肉酸痛的感觉要比其他训练方法强烈得多。因此采用离心收缩训练不见得有多大好处，如果做得不好，还会引起肌肉过度酸痛。

# 第二节　初中学生的速度素质训练

## 一、速度的特征

速度是指尽快地向前运动的能力。在田径的短跑和跳跃以及短距离自行车等项目中，速度对成绩起着决定性作用，此外，速度还是短时间耐力成绩和大多数球类运动的重要基础。

神经过程的灵活性，爆发力，肌肉的伸展力、弹力和放松能力，运动技术的质量，意志力和生物化学机制是构成速度的重要前提条件。

神经过程的灵活性：只有当兴奋与抑制以最快速度交替和神经肌肉系统得到相应调节时，才能够与最佳的用力相结合，达到很高的动作频率。

爆发力：在主要取决于很高的出发加速度或者出色的冲刺能力的运动项目中［例如，田径的短跑、短距离自行车、速滑（500米）和大多数球类项目］，爆发力具有特别的意义。此外，爆发力也对动作频率（自行车运动）和赛跑中决定步长的蹬地力量产生重要影响。从生物化学的观点看，速度特别受肌肉的能量储备（三磷酸腺苷和肌酸磷酸盐）与化学能量的动员速度的制约。由于达到了极限强度便产生了很高的氧债，它最高能够达到需氧量的95%。特别是负荷之后血液中的乳酸含量会大大增加。

肌肉弹性：在速度练习中，一会儿作为协调肌，一会儿又作为对抗肌进行工作的肌肉，其伸展性、弹性和放松能力是完美无瑕的运动技术与很高的动作频率的基本前提条件。若上述素质发展不充分，那么就无法达到必要的动作幅度；协调肌在运动过程中特别是当动作处于往返点时，就必须克服极大的阻力。所以，伸展和放松练习必须始终成为训练的组成部分。

意志力：尽可能高的速度，主要取决于最大意志力。由于在短跑训练时不能像举起一副很重的杠铃或跳高那样对运动员施加直接外部刺激，所以，许多运动员就感到难以将意志力调动到极限程度。因此训练时必须通过高要求来调动运动员的极大意志力。通过精确计时，告诉运动员已经达到的速度，是一个不可或缺的前提条件。另外，要创造外部刺激，最好是进行对抗训练（有对手），这样运动员就必须接受具体的任务：稳住或夺取优势，与略占优势的对手比赛时要尽可能长地领先，达到某个成绩等。

## 二、发展速度的方法和负荷

### （一）速度

速度训练中决定性的条件是高至极限的动作强度。运动员必须用最大的力量和适于他的体形的最理想的动作频率与动作幅度，尽力达到或者超过他迄今为止的最高速度。但是，这必须与运动员的技术水平完全协调一致才行。在以最快速度运动之前，必须以中等和次快速度来巩固与掌握技术，以免肌肉发生痉挛。由于在多数情况下，速度较低时学会的技术向极限要求转变时相当复杂，从一开始就要设法使技术巩固在日益提高的速度水平上，所以加速度（加速跑，以越来越快的频率划船等）是特别适宜的。

由于神经系统处于最佳兴奋状态时的负荷效果最好，所以在训练课上不得将容易疲劳的活动安排在速度训练之前。在完成训练课的准备活动部分之后，要尽可能快地向最有效的负荷过渡。一切其他任务应在这之后去完成。

### （二）距离

同其他因素一样，距离也要达到最佳程度。它不可过短，也不可过长。从加速阶段到最快速度之间的距离有多长，所要求的距离就应多长。如果因距离过短而达不到最快速度，虽然负荷也能起到提高加速度的作用，但却不能最佳地提高速度，距离的上限不要片面规定。超过极限强度的负荷无疑是必要的（跑步时为1～2秒）。但是距离不可过长，否则就会使负荷具有耐力的特点，让运动员十分疲劳，需要长时间的休息才能恢复。

若想要确定最佳距离长度，就必须了解各个运动员所必需的加速时间和他能将最快速度大体上保持多久。到目前为止，只对跑有较为准确的研究。亨利、施达诺夫、奥卓林和绍门科夫发现，100米跑时是在第五秒和第六秒之间达到最快速度。而水平低的运动员达到最快速度则更要早些，最快速度的段落根据竞技水平的不同为20～45米，这段距离，贡特拉赫解释为用最快的或至多低于最快速度1%的速度跑完的段落。

所以，最佳距离的长度取决于个人的竞技能力。如果从静止状态开始最大限度加速的话，最佳距离的长度在85米到80米的幅度之内，年轻运动员则在20～60米。

### （三）重复负荷时的间歇时间

重复负荷时的间歇时间对速度训练的效果有着重要的影响。它必须保证竞技能力得到最佳恢复。这就需要使肌肉中的血乳酸浓度大大减少。血乳酸浓度在负荷后至多3分钟就能达到最高指标。另外，间歇时间也不可长到使神经系统的兴奋过分下降的程度。受个人努力程度和恢复能力的制约，间歇时间可定为4～6分钟。这只不过是基本的时间，有时也必须超过这个时间。若间歇时间较长，在每次重复负荷前有必要增加一次"慢跑"，以便使下降较快的神经系统的兴奋重新提高。如果采用较短的间歇，那么负荷的重复宜按组来安排。重复2～3组之后，间歇时间就应显著延长。最好的方法是消极性休息与积极性休息相结合进行。

### （四）负荷量

由于神经肌肉系统的负荷很高，不管是在训练课上还是在较长的训练阶段，以最快速度最佳地发展速度的负荷量都要较小。但是，这里存在着很大的个人差异。最快速度的负荷在一节训练课上平均的重复次数为5～10次。即使在比赛时期，每周以最快速度负荷为主的训练课也不要超过2～4次。

## 三、发展速度耐力的方法和负荷

在典型的速度项目中，比赛成绩在一定程度上受耐力的影响。长期以来，即使是100米跑，最快速度也不可能保持到终点。成绩下降主要是由于刺激频率太高，使得神经系统疲劳，很快出现抑制状态的缘故。尽管在短跑竞技中总能量消耗较少，但是就单位时间而言，能量的消耗却远远超过其他的负荷。这一切就导致很快出现局部疲劳，并使动作频率减慢，速度下降。

### （一）有氧耐力训练

一定程度的、通过较低和中等强度负荷发展起来的有氧耐力，是专项速度耐力的基础。与耐力性项目相比，这种负荷的绝对量是微不足道的。但是它在速度性项目训练总量中所占的比重却很高，在准备期能高达90%。

沃尔科夫、拉平和斯米尔诺夫等从因素分析的结果中认定，运动员的有氧代谢能力是第一位的、决定短跑成绩的新陈代谢因素。

特别是在后备力量训练中，对中等和低强度的耐力训练应给予足够的注意。这样的耐力训练，根据个人的喜好既可用持续负荷法，也可用间歇负荷法完成。它能增强对速度成绩十分重要的心脏循环系统的适应能力。虽然心脏容积一般不会产生引人注目的扩大，但却会提高最大氧脉搏和使毛细血管增密，从而使心脏和循环的机能幅度增大。这不仅对速度耐力产生积极影响，而且似乎对极限强度和次极限强度负荷后的恢复能力也会产生同样的作用。

### （二）发展速度耐力的专项耐力训练

如果已经通过中等速度的负荷打下了相应的基础，那么就必须用类似比赛的专项负荷来进一步发展耐力。这可以在准备期和比赛期的第二阶段进行。为此，特别有益的做法如下：第一，高速度的、跑距为比赛距离的2/3至2倍的负荷（如最快速度跑至多300米，最快速自行车运动不超过500米）；第二，超过比赛距离10%～20%的尽可能高的速度的负荷；第三，若干次比赛。

上述负荷可一次进行，也可重复进行（重复负荷法）。在以非常接近于极限速度的速度重复负荷时，运动员需要较长的恢复间歇，按照负荷时间，最长可达15分钟。必须有足够的间歇时间，以便使竞技能力恢复到能以同样的强度重复下一次负荷的程度。

如果只要求达到次极限速度（遵守停止训练的时间），那么间歇时间就可以大大缩短。在这种情况下，可重新按组重复负荷。每组重复2～4次，每次负荷之后的间歇时间要短（2～4分钟）。由于乳酸浓度越来越高，即使间歇时也在继续增高，因此组间的间歇时间要长一些，以便减少乳酸含量，但是不应超过10分钟，这样，神经系统的兴奋就不会过分降低。有鉴于此，也要将一部分组间的间歇按积极性休息来安排。一节训练课和每周的耐力负荷量，要根据个人的负荷能力和耐力水平而定。一般来说，每周1～2节训练课就够了。

对青少年进行多方面的一般训练和专项训练，能够阻止速度的发展过早地出现停滞不前。此外，有利的条件（领跑人，防风设备）、允许有较高的动作频率和较大的动作幅度的强制性条件（采用牵引器械）、训练中的比赛条件以及与旗鼓相当或略胜一筹的对手多次比赛，所有这些都有助于克服已有的"速度障碍"或防止它的出现。

## 四、速度性项目训练的周期问题

在速度性项目中最好采用双周期，因为这样能较快地提高成绩。准备期和比赛期的时间永远要协调，以便能通过一般训练和专项训练充分发展必要专项素质以及身体、运动技术和心理基础。

### （一）准备期

在第一阶段，训练要针对发展爆发力、有氧耐力、柔韧性和灵敏性，采用各种一般的手段和专项的手段。球类项目由于具有综合性，因此价值特别大。

在第二阶段，训练必须具有专项的特点。在完成以上任务的同时，开始发展速度和速度耐力。因此，采用次极限和极限速度训练的量必须增加。这对于技术能否适应比赛条件以及发展专项个性品质，都是决定性的条件。训练的强度越大，放松练习和为积极性休息而采取的措施的重要性也就越大。

### （二）比赛期

在比赛期，主要通过频繁地参加比赛来反映运动员的速度能力。在这一时期，尖端水平的男女短跑运动员每周有1～2天参加比赛。对于准备参加少年儿童运动会的运动员，则要求他们参加20～30次比赛。大比赛之前和之后以及每次训练课之间，应安排充分的积极性休息。根据参加比赛的次数来定训练负荷。专项爆发力练习不得脱离训练大纲。

## 五、球类运动的特点

分析结果表明，在一场比赛中，球类运动员要完成很多次冲刺和短跑。提高比赛速度，通过快速进攻，出奇制胜，进攻时兼顾防守和防守时不忘进攻，这些发展趋势表明，今后对于速度和速度耐力的要求将会进一步提高。即使是球类运动员，发展速度时也需要最佳负荷，必须经常以优秀短跑运动员起跑30米以后才能达到的最快速度练习跑步。当然，30～60米间距跑是需要的。

随后，一定要将已经获得的速度通过有球快速跑和其他接近比赛的条件（如射门跑；绕过起初是消极的、而后是积极的对手进行蛇形跑）转变为实际的比赛活动。

## 六、预防运动外伤的注意事项

速度负荷对肌肉、肌腱和韧带的要求达到了极点。外伤的概率较高，主要原因是局部过度负荷，缺乏全面训练，在低温和疲劳的情况下接受负荷以及由于直接准备活动不足而引起的肌肉缺乏放松能力。因此，在每次进行速度性训练和比赛之前必须充分做好准备活动。此外，清晨应回避速度负荷；当肌肉出现疼痛或痉挛时，要停止负荷；冷天要适当增加衣服（训练服）。最后必须进行放松练习和按摩。

# 第三节　初中学生的耐力素质训练

## 一、耐力的概念

耐力通俗地讲就是指人类对抗机体疲劳，持续完成活动的能力。工作会引起机体的倦怠感，从而引起操作能力、反应速度的降低，人们将机体的这种表现称为"疲劳"。在体育训练领域，耐力主要指耐力素质。马特·维也夫认为，耐力是人类在活动的过程中最大限度地对抗疲劳的能力，迪特里希·哈雷也认为耐力是对抗疲劳的能力。在大多数的体育项目中，耐力决定了运动员的运动能力是否有可提升的空间，是运动员的运动素质是否有可塑性的重要表现，也是影响运动员比赛成绩的重要因素之一。运动员对抗疲劳的能力越强，坚持训练的时间就越长，其表现出的耐力素质也就越高。

疲劳感主要分为以下四种：第一，智力上的疲劳感；第二，感觉上的疲劳感；第三，感情上的疲劳感；第四，体力上的疲劳感。体育训练带给机体的疲劳感主要是指体力上的疲劳感，耐力素质是运动员最重要的运动素质之一。

从事任何运动项目训练都要求运动员具备良好的耐力素质，尤其是耐力项目。良好的耐力素质可以使运动员在进行高强度、高负荷的运动训练后，机体的疲劳感能够尽快消失，机体恢复到正常状态。

可见，人们对于耐力概念的界定都比较一致，都认为耐力（耐力素质）即机体在运动过程中克服疲劳、保持长时间活动的能力。

## 二、耐力的分类

人们根据不同的标准和特点可以将某一事物分为不同的类别。一般来说，大部分研究者都会从运动持续时间、器官系统的机能、参与肌群的数量、肌肉工作的性质、与专项的密切程度等角度对耐力进行分类。

（一）根据运动持续时间的分类

**1. 长时间耐力**

运动员完成某项训练任务需要11分钟到几个小时的时间，在这个过程中，运动频率和速度没有明显下降的情况下所必须具备的耐力素质被称作长时间耐力。哈雷将长时间耐力分成了三个等级：第一级是指运动时间为11～30分钟；第二级是指运动时间为30～90分钟；第三级是指运动时间在90分钟以上。

**2. 中时间耐力**

中时间耐力是指运动员完成训练任务的时间在2～11分钟所必须具备的耐力素质。

**3. 短时间耐力**

短时间耐力是指运动员完成训练任务的时间在45秒～2分钟所必须具备的耐力素质。

（二）根据器官系统的机能分类

**1. 肌肉耐力**

肌肉耐力是指肌肉对抗疲劳，克服自身运动阻力，长时间收缩用力保持工作状态的能力。肌肉耐力是人体耐力素质中的一个重要方面。肌肉耐力强的运动员，在训练和比赛的过程中能坚持更长的时间，也更容易完成训练目标，个人技术水平也更容易获得提升。

**2. 心血管耐力**

心血管耐力是指人体呼吸、运输和利用氧气为机体活动服务的能力。在一定时间内，一个人呼吸、运输和利用氧气的能力越强，其心血管耐力就越强。心血管耐力又分为两类，即有氧耐力和无氧耐力。有氧耐力是指人体在氧气供应充足的情况下长时间活动的能力；无氧耐力是指人体在氧气供应不充足的情况下长时间活动的能力。有学者认为，心血管耐力除了分为有氧耐力和无氧耐力之外，还有一种有氧无氧混合耐力，这种耐力是指人体在有氧和无氧双重情况下的耐力。

另外，田麦久还将无氧耐力细分为磷酸原供能无氧耐力和糖酵解供能无氧耐力。前者指在肌肉活动中，在由磷酸肌酸分解供能且不产生乳酸的状态下，机体坚持较长时间工作的能力；后者指在肌肉活动中，由糖酵解供能并在产生乳酸的状态下，机体坚持较长时间工作的能力。

### （三）根据参与肌群的数量分类

根据人体运动时参与工作的肌群的数量，还可将耐力分为整体性耐力、区域性耐力、局部性耐力三种。整体性耐力是指人体活动时积极参与工作的肌群超过整体肌群数量的2/3时所表现出来的长时间活动的能力；区域性耐力是指人体活动时积极参与工作的肌群数量占整体肌群数量的1/3至2/3时所表现出来的活动能力；局部性耐力是指人体活动时积极参与工作的肌群数量不足整体肌群数量的1/3时所表现出来的活动能力。

### （四）根据肌肉工作的性质分类

人体肌肉在静力性收缩工作形式下能够坚持长时间工作的能力叫作静力性耐力；人体肌肉在动力性收缩工作形式下能够坚持长时间工作的能力叫作动力性耐力。

### （五）根据与专项的密切程度分类

耐力根据与专项的密切程度，可分为一般耐力和专项耐力。对运动员专项运动成绩起间接作用的基础性耐力被称为一般耐力；与提高专项运动成绩有直接关系的耐力被称为专项耐力。此外，哈雷还提出了力量耐力和速度耐力。力量耐力是高度力量竞技能力连同良好耐力能力，特别是局部抗疲劳能力的标志；速度耐力是当负荷达到次最大或最大强度并主要是以无氧代谢获取能量时的抗疲劳能力。

## 三、一般耐力与专项耐力

### （一）一般耐力

在一般耐力方面，马特·维也夫拥有自己的见解，而他的这种见解主要是借助一般性的练习，在这个基础上发展起来的一般耐力在某种程度上可以迁移到其他活动当中。这种迁移活动表明，一般耐力与其他方面的耐力存在着共同之处，而且这些耐力类型结合在一起共同构成了综合性耐力的基石，它们是相辅相成、共同促进的关系。马特·维也夫认为："从广义上合理地将一般耐力理解为组成各种类型活动中表现耐力的非特异性基础的机体功能特性的总和。"而狭义上的耐力一般是指在人体的主要肌群积极工作的情况下，长时间有氧代谢制式中的耐力。机体的有氧能力在很大程度上决定了一般耐力，故而将其称为"一般有氧耐力"。

这种类型的耐力在较大程度上取决于机体的有氧能力，因此也将其称为"一般有氧耐力"。发展一般耐力的首要任务是保障发展一般有氧耐力，不断适宜地提高限制各种运动活动中对抗疲劳能力的功能可能性。这里并不是专选性地作用于某种耐力因素，而是为提高一般工作能力建立条件。哈雷也提出了同样的观点，认为基础耐力训练必须为提高和体现专项耐力创造重要前提。其主要任务是为提高运动成绩最佳地发挥和节省地利用有氧代谢能力。

**（二）专项耐力**

运动员要想在比赛中最大限度地发挥自身的水平并创造最佳的运动成绩，在耐力训练中仅仅依靠一般耐力的训练是远远不够的，在这一基础上便引出了专项耐力这一概念。

马特·维也夫认为，在某一活动中深入专项化的情况下，发展符合该活动特点的耐力，使机体产生特殊的适应性变化，由这一专项化发展起来的特殊耐力习惯上称为专项耐力。他还认为特殊耐力和专项耐力是局部性的同义词，专项耐力属于由运动专项化或其他专项化所发展起来的特殊耐力。发展专项耐力的实质在于要有针对性地发展每种类型的特殊耐力，使之能达到全面完善运动能力和对活动做好专门性准备的程度。

普拉托诺夫认为，运动员为了具有很高的专项耐力水平，必须使比赛所需的那些素质和特点全面地表现出来。专项耐力训练最主要的内容是在动作形式、结构和对机体功能系统最大限度地接近比赛动作的基础上进行的专项训练。

哈雷也提出，专项耐力训练为直接提高和体现专项运动成绩服务。这里涉及训练和比赛的一系列要求与问题，而这些要求又针对如何综合地训练和提高专项个性因素、技术和战术能力、熟练性、身体素质能力以及与此相应的生物学适应能力与控制能力等问题。因此，典型的专项耐力训练应该达到所有的负荷指标，包括速度、动作频率、负荷时间以及某些外部问题。

# 第四节  初中学生的灵敏素质训练

## 一、灵敏性的特征

在身体能力中，灵敏性占有特殊的地位。它以多种方式和形式与其他身体能力发生联系，也与动作熟练性密切相关，因而具有特别的综合特性。

根据希尔茨的说法，所谓灵敏性，第一是指掌握复杂动作协调性的能力；第二是指迅速学会和完善运动技巧的能力；第三是指有的放矢地运用这些技巧和根据情况变化的要求迅速而有针对性变化技巧的能力。

萨齐奥尔斯基给灵敏性定出了几条大体可以衡量这一能力的标准。

（1）动作协调性的难度。一个动作任务（如接球、跳山羊）的难度有大有小。因此首先要考虑协调运动的要求。

（2）完成动作的准确性。如果一个动作在空间、时间和动力性方面与运动任务相吻合，这样才会准确。在运动实践中，有人常常只考虑动作有没有完成（完成摆上动作—未完成摆上动作；接球—没有接到球），殊不知，同一个动作可以用不同的目的要求和不同的节省化程度去完成。准确的动作节省化程度特别高。

（3）完成动作所需的时间。学习时间也是衡量灵敏性的一个标准，这个学习时间是运动员掌握和纠正动作的必要的准确性所必不可少的。如果有人"一下子"就完成了一个完全陌生的新动作，那么就必须承认他的灵敏性比费很多时间才掌握这一动作的其他运动员好。

在那些比赛条件瞬息万变和在比赛过程中运动员的行动变化多端的运动项目中（球类项目和个人对抗性项目），从发出动作信号到开始完成动作这段时间具有重大的意义。当情况突然变化时，必须有很好的灵敏性，才能迅速、准确和连贯地做出反应。从情况一开始发生变化到做出反应动作的最短时间，是衡量灵敏性（适应能力、随机应变能力）的标准。

为了测验灵敏性，在运动实践中常常将各个不同的动作任务依次组合在一起。运动员为完成所有动作所需要的整个时间是衡量灵敏性的标准，因为在这段时间里可以反映出完成动作的速度、准确性和连贯性。

## 二、灵敏性的重要性

灵敏性是掌握和完善（如纠正错误）动作熟练性或运动技术的一个重要前提，所以在要求很高的动作协调性的运动项目中具有头等重要的意义。此外，在所有要求运动员在比赛中具有高度随机应变能力的运动项目中，灵敏性起着巨大的作用。灵敏性表现在有目的地选择预先在训练中就已掌握的技能和在完成动作时自觉地纠正动作。

就是在所谓运动员的反应性动作中也需要有高度的灵敏性，这样才能立即反射似的恢复失去的平衡（滑倒、冲撞）。当运动员在跑道、地面（草地、沙地、水泥地或木地板；地面较软、较硬、不平坦等）、比赛场馆（规格、照明等）、器械（弹性、重量、形式等）、服装以及天气因素（刮风、下雨、下雪等）等方面遇到不习惯的条件时，就需要有高度的适应能力。我们将灵敏性区分为一般灵敏性（表现在运动实践中的各方面）和专项灵敏性（有关运动项目的技术变化能力）两种。由于有依附性，每种专项灵敏性与各个运动项目的影响成绩的因素是密切相连的，因而是不能相互替代的（有的运动员在体操中有很好的灵敏性，但在球类项目中却很不够）。所以，就方法问题而言，这里似乎已经指明了训练方法的方向：每种专项灵敏性必须根据各个专项的要求，采用专项训练手段予以发展。

## 三、运动灵敏性的前提条件

### （一）身体能力

在任何情况下，灵敏性都是和其他身体能力相联系的。只有这些能力结合在一起发挥作用，才有可能表现出运动灵敏性。

### （二）动作丰富多样

任何一个动作，不管如何新颖，它总是将旧的、已经做过的动作有机地串联起来的。它们与所要学习的动作的新要素一起构成新的特殊联系，并组成新的技巧。运动器官的训练越精细、越准确和越多样化，条件反射练习的储备越丰富，那么运动员掌握的动作技巧就越多，对新的动作形式也就越容易适应，并且越能适应现存的正在变化的活动条件，同时也说明他的灵敏性越好。应当看到，灵敏性与丰富的动作间的关系的确是相辅相成的。高度发展的灵敏性能使运动技能的训练时间大大缩短，从而影响到技巧的发展。

### （三）分析器的活动

除了已经掌握的基本动作外，借助于相应分析器的，以光学、声学、触感、动作感和前庭器等信号为形式的，现实的信息加工，对灵敏性也起到重大作用。这样的信息有助于较详细地认识有关的动作过程，可以进行较准确的动作分析，并最终能迅速地掌握动作及其变化。因此，在动作感和动作的学习速度之间存在特别密切的关系。练习者越是能够准确地感觉和重复某一个动作，那么他们掌握新的技巧就越容易。

## 四、发展灵敏性的方法提要

（1）发展灵敏性的主要要求是掌握新的、多方面的动作技巧及其要素。学会了新的和各式各样的动作协调性，就扩大了新的协调关系能够赖以形成的基础。

（2）运动员应不间断地、或多或少地学习新的技巧。若较长时间忽视学习新动作，学习能力就会逐渐退步。对于竞技宗旨在于掌握一套难度大的和包罗万象的练习的运动项目来说，这一观点尤其重要。在标准条件下进行的自动化的动作，对于灵敏性的发展不再起作用。

（3）当其他的身体能力也可以通过较简单的动作得到发展的时候，从协调运动的角度来看，发展灵敏性的练习必须具有一定的难度。

（4）活动性游戏和球类项目、各种类型的障碍跑等特别适宜发展能体现运动员迅速而有效地重新部署动作能力的灵敏性。

（5）在有针对性地发展灵敏性的时候，可以通过加大运动员所必须完成的协调性难度的方法来提高。

（6）发展灵敏性的练习应在训练课一开始的时候结合速度训练一起进行，必须尽可能把休息间歇安排好。在一节训练课上，灵敏性训练的训练量要小一些，灵敏性的发展应是经常性的。

（7）不同年龄的发展时期为灵敏性的发展提供完全不同的前提条件。最有利的时期是在儿童、少年阶段，因为这个时期机体的可塑性比以后的发展时期好。为使在整个训练过程的以后各个阶段能迅速掌握新的复杂的动作技巧，要在早期打好基础。

# 第五节 初中学生的柔韧素质训练

柔韧素质主要是指腰、胯、膝盖等处的关节和韧带的强度与韧性。学生在加大训练的幅度、频率时，身体的柔韧度起着关键的作用，柔韧度好，学生的运动潜能就比较容易激发出来。另外，良好的柔韧度还是训练安全的保障，可以最大限度地避免运动损伤的发生。因此，教师和学生都应该注重机体柔韧性的训练。

## 一、柔韧素质的概念

柔韧性是人们以很大的摆动幅度（振幅）完成动作的能力。因此最大动作振幅就是柔韧性的标志。在科学研究中，人们一般是以角度或厘米来表示柔韧性的，在运动实践中则常常是以不同练习的动作大小来定出一定的标准，如坐着做体前屈、双腿伸直双手触及足尖、上体接触大腿等。

柔韧性是保质保量完成动作的基本前提。关节不经充分的柔韧性训练会造成以下困难和缺陷：第一，无法学会一定的动作技巧，或者掌握和完善这种技巧的速度要变慢；第二，学生容易受伤；第三，力量、速度、耐力和灵敏性的发展会受到阻碍，或者由于缺乏柔韧性，它们的水平不能充分发挥；第四，动作幅度受到限制，因而损害动作速度，并导致学生训练时较为费力，加速学生的疲劳；第五，影响动作质量。如果学生拥有柔韧性的"底子"，那么他做练习时会比较有力、迅速、轻松和准确。

柔韧素质是指身体关节、肌肉、韧带的最大伸展范围，肌肉、韧带的拉伸程度对关节活动的幅度形成一定的制约，但关节的柔韧程度主要还是取决于关节本身的结构。

人们在完成不同的运动项目的过程中，关节、韧带会体现出不同的活动幅度和伸展性，根据这些情况，人们把柔韧素质分为两类：一般柔韧素质和专项柔韧素质。一般柔韧素质是专项柔韧素质的基础，一般柔韧素质强，专项柔韧素质就比较容易培养。

## 二、柔韧性的解剖——生理基础

动作靠关节才能完成。关节表面的外形和接触决定着动作的方式。学生能在多大范围内充分利用解剖学所允许的活动半径，这取决于关节周围的韧带、肌腱和肌肉的伸展性与肌肉的力量。

系统的练习能够提高韧带和肌腱的弹性。由于韧带器官负有重要的保护作用，因此必须将它的弹性提高到一定程度方能适用。

学生的柔韧性首先受其肌肉弹性的限制。这一限制的本质依据如下：当人体做各种练习时，某些肌肉随着其对抗肌的伸展而收缩。当以极限幅度活动时，由于对抗肌缺乏伸展能力，因此关节的柔韧性受到限制。中枢神经系统对这一限制具有重要的意义。在中枢神经系统的影响下，肌肉的弹性素质会发生巨大的变化。肌纤维的可伸展性可以通过练习得到提高，但是肌纤维恢复到原先位置的能力却不可因此受到损害，这意味着在训练方法上必须注意发展柔韧性的专门练习要和力量练习相协调。

学生常常会由于有关肌肉缺乏力量而不能达到很大的动作幅度。因此，力量在发展柔韧性时是一个值得考虑的附带因素。

许多教师都在思考这样一个问题：最大力量的增长是否会妨碍关节的灵活性。研究表明，肌纤维变粗时，其伸展能力是不会受到损害的。当然也存在这种可能性，由于肌肉极为肥大，柔韧性从纯力学的角度看会受到某种限制。

## 三、柔韧素质对学生形体的影响

### （一）提高技术水平

柔韧素质的训练可以有效提高学生技术动作的表现水平，提高动作的精准性和连贯性。学生进行身体柔韧素质训练的主要目的是加强关节、韧带的拉伸能力，使关节运动的幅度最大化，使肌肉的伸缩力达到最高水平。系统科学的柔韧素质训练可以使学生的运动潜能得到大幅度开发，提高技术动作的准确性，使学生发挥出最佳水平。

有效的拉伸运动还能激发肌肉细胞的活性，促使整块肌肉而不只是某一部分肌肉参与工作，使整块肌肉均衡发展，从而实现速度与力量并举。另外，进行柔韧训练还能起到稳定学生情绪、集中注意力的作用。

### （二）避免运动损伤

学生要想拥有良好的柔韧素质，平时要多注意肌肉的拉伸训练，这样可以有效地缓解肌肉的紧张感，提高肌肉疲劳后的恢复能力，缩短恢复时间。有效的拉伸训练还可以缓解学生腰背部肌肉酸痛、痉挛等症状，避免学生因肌肉疲劳而产生肌肉损伤。

柔韧性是指关节在自身的活动范围内克服阻力的能力。1998年，美国运动医学权威组织将柔韧性训练推荐给学生，他们认为柔韧性对于学生技术精准性的提高、有效防止运动损伤、提高学生的身体素质具有积极的作用。力量训练专家博蒙巴博士将柔韧性训练放在三大力量训练（硬拉、卧推、深蹲）的第一位，其目的主要是避免运动损伤。进行过伸展练习的学生与没有进行过伸展练习的学生相比，在完成动作的过程中表现得更敏捷，学生的肌肉耐力也有所增强。例如，在进行深蹲训练时，如果学生的膝关节和踝关节、髋关节都进行过针对性的柔韧训练，就可以没有任何问题地完成最深度的深蹲。但如果没有做过相应的练习，肌肉韧带的僵硬很容易导致肌肉拉伤。适度的柔韧训练还对延迟出现的疼痛有明显的缓解作用，这种疼痛一般会在运动训练后第二天出现，及时通过柔韧训练解决这一问题，可以使学生尽快摆脱运动疲劳，迅速恢复到正常状态。

## 四、柔韧素质训练的要求

柔韧素质训练是一个长期的过程，具有非常明显的实效性。也就是说，在练习时学生会感受到明显的效果，一旦停止练习，效果就会逐渐消失，所以柔韧素质训练是每次形体训练之前必须进行的。柔韧素质训练是一个循序渐进的过程，要有计划、有步骤、有系统地实施，肌肉的拉伸过程会伴有疼痛感产生，并且年龄的增长与柔韧度也有很大的关系，年龄越大，身体的柔韧素质就相对越差。因此，柔韧素质训练是一个长期的、艰苦的过程，需要一定的意志力和心理基础作为保障。

在日常的训练中，教师要在每次训练课开始之前，都让学生进行柔韧素质训练，在学生身体各部位的肌肉、关节、韧带都得到充分的伸展后再开始专项训练。另外，教师要注意将学生的柔韧素质训练与其他素质训练结合进行，尤其要与力量训练相结合，要求学生身体的力量素质与柔韧素质均衡发展，使学生的肌肉和韧带做到柔而不软、韧而不僵，体能基础坚实，关节运动掌握自如，从根本上提高学生的身体素质。

## 五、柔韧素质训练的步骤

学生身体柔韧素质的训练对其综合素质的提高是十分重要的。在具体的训练过程中，身体各部位的伸展练习顺序应该是固定的。首先，从身体的躯干部位开始，伸展腰部、背部、臀部、髋关节、大腿。按照这个顺序对身体进行延展练习，让肌肉处于放松的最佳状态，然后尽力拉长肌体，感觉肌肉和关节的活动范围在逐渐扩大。这样的练习顺序可以最大限度地提高身体的柔韧性，因为部分肌群的伸展可以影响身体其他部位的肌群。大肌群的伸展可以有效地带动小肌群的伸展，对整个机体柔韧素质的提高起到推动作用。

人体大部分动作的完成都是靠改变身体重心来实现的，大腿肌肉的拉伸受到腰背肌肉、臀肌、髋关节等各肌群和关节的影响。学生在进行柔韧度训练时，先将大肌群充分地拉伸，再伸展其他部位的小肌群。具体的操作步骤如下：第一，在进行躯干和下肢的柔韧度训练时要按照腰背、髋关节、大腿后侧肌群、大腿内侧肌群、四头肌、小腿、踝关节、脚的顺序逐步进行练习；第二，在进行上肢的柔韧训练时要按照肩关节、臂、肘、腕、手的顺序进行练习；第三，要对颈部进行练习。

## 六、柔韧素质训练的方法

### （一）静态练习法

静态练习是指在静止状态下完成某一伸展性动作，并保持一定的幅度，持续一定的时间。静态练习讲求动作完成一定要缓慢，要慢慢进行拉伸，直到极限，学生能够感受到拉伸感，但不应该有疼痛感，保持肌肉紧张的最佳状态，持续一段时间后放松，然后进行下一组练习。

个人静态练习法有直体前屈压腿、开立侧压腿、弓步侧压腿、坐式腹股沟拉伸、仰卧提膝、仰卧举腿、仰卧抱腿等。学生在进行静态练习时要注意以下四点：第一，每个动作保持15～20秒；第二，每个动作重复练习2次；第三，每个星期要保证5～7次练习；第四，静态练习要保证学生身体的各部位都能得到练习，每个肌群都能得到伸展锻炼。

### （二）动态练习法

动态练习一般在静态练习之后进行，动态练习比静态练习的效果更加积极，动态练习为学生日常训练和参加比赛起到积极的准备作用。动态运动是连接静态运动和剧烈运动的桥梁，起过渡的作用，它能使肌肉、韧带、关节从静止状态平稳过渡到剧烈运动的状态，形成一个循序渐进的过程，使负荷从小到大逐步增强，给机体一个逐渐适应的缓冲过程，为完成剧烈运动做好准备。动态伸展练习对关节活动范围的增大也能起到积极的作用，从而使学生对关节的运动拥有最高的掌控能力。

### （三）被动练习法

被动练习是指学生在教师或是队友的帮助下完成的训练，只有运用正确的训练方法，才能保证被动练习的安全性，被动练习对关节活动范围的增大具有一定作用。在做被动练习时，参与人员都要精神集中，谨慎操作，避免造成运动损伤。具体操作时要注意以下几个问题：第一，帮助学生进行伸展练习时，动作一定要缓慢、轻柔，施加压力的力度一定要有掌控，要一点一点地逐渐增加，切忌急于求成，以免动作施压不稳定，给学生身体造成损伤；第二，被动练习的强度要适中，既要使学生感受到明显的牵张力，又不能有疼痛感，一旦学生感到明显不适就要立即终止练习；第三，学生伸展的程度要因人而异，并不是幅度越大越好，要恰到好处，应以最大限度地增加机体柔韧性而不感觉剧烈疼痛为原则；第四，在整个被动练习过程中，学生要与帮助练习者全程保持语言交流，有问题及时沟通，确保被动练习的安全性。被动柔韧练习有坐胯伸展、双膝触胸、单膝触胸、仰卧单腿交叉推压、仰卧屈膝分腿等。

## 七、柔韧素质训练应注意的问题

在进行柔韧素质训练时要注意以下几个方面的问题。

第一，根据专项练习的要求以及学生的发展水平进行练习。

第二，要采用能全面扩大动作幅度的练习，以使学生能够全面运用已有的柔韧素质。

第三，鉴于相应肌肉的力量能力能够对柔韧素质起决定性作用，应将专门的力量练习列入发展柔韧素质的计划。

第四，必须系统地、有计划地发展柔韧素质。比如只向前尽量屈体一次的作用是微乎其微的。只有重复多次以后，才能从幅度的扩大中看出各次练习效果的总和，这时对动作起限制作用的肌肉给予伸展的阻力较小。所以，伸展练习要按组进行，一般每组重复10~15次。

第五，在各组之间的间歇时间做放松练习。

第六，各组练习应安排得当，使动作幅度多次达到最高限度并逐步提高。只有在限度范围内经常进行练习，成绩才会有明显的进步，并同时有益于培养相应的意志品质。

第七，每天训练或一日训练2次可以使柔韧素质得到最快的发展。为此，教师应教育学生独立进行柔韧素质训练（穿插到早操、家庭作业中去）。

第八，适当地将柔韧素质练习穿插到训练课主要部分的开头和结尾中。每次练习之前要做充分的、全面的准备活动，因此主动性柔韧练习在综合练习的顺序中应居首位。采用被动柔韧素质练习时也要谨慎，在极为疲劳的情况下（在疲劳的耐力和力量训练之后接近训练课尾声时）去发展学生的柔韧素质是不会成功的。

第九，由于在儿童和少年时期提高柔韧素质较为容易，因此发展柔韧素质的主要训练应安排在这一时期。

第十，即使柔韧素质已经达到预期的程度，柔韧素质训练也应继续进行。如果柔韧素质达到最佳程度之后就放弃伸展练习，那么，特别是儿童和少年的柔韧素质会迅速退步。究其根源，可能在于儿童和少年的身高不断地、较为迅速地增长，再者，也许是他们的机体的再生能力比较强的缘故。总的来说，柔韧素质随年龄的增长而减退。

# 第六节　初中学生的协调素质训练

## 一、协调性的概念

协调性指身体作用肌群的时机正确、动作方向及速度恰当，平衡稳定且有韵律性。在各项体能中，协调性训练可以说是最困难的，影响协调性的因素除了遗传、练习者心理个性外，尚有肌力与肌耐力、技术动作纯熟度、速度与耐力关系、身体重心平衡（关系肌力与肌耐力）、动作韵律性（技术动作要纯熟方可）、肌肉放松与收缩，甚至还有柔软度等。

## 二、提高协调性的训练方法

协调素质是指人体在各种突然变换的条件下，迅速、正确、协调改变身体运动的能力，是人体的一种综合素质，是体育训练、锻炼中不可或缺的身体素质之一。协调性的提高，对人体其他素质的提高和发展起着至关重要的作用。协调性对学生而言，也是一个非常重要的身体素质，体育运动是一个上下肢、全身协调配合的操作过程。因此，在体育教学、训练中要有意识地强化协调性的练习，并通过多种练习方式和手段，使学生身体的协调性有一个极大的提高。在体育教学实践课中，在每次课上安排10分钟的协调性"课课练"，对提高学生的身体素质，发展学生自身的协调性及自我锻炼的能力都有很好的效果。

（一）单个动作系列重复练习法

（1）肩绕环：由直立双臂上举开始。一臂直臂向前、向下、向后、向上画圆摆动，同时另一臂向后、向下、向前、向上画圆摆动，均以肩关节为轴。依次进行。

（2）纵跳：双脚并拢，手弯向上跳。

（3）前后跳：双脚并拢，手弯向前与向后跳。

（4）转向跳：双脚并拢，手弯向上跳，但跳起后转向180°，着地后身体与双手要去维持平衡，可向左与向右跳。

**（二）动作组合式练习法**

（1）立卧撑跳起转体360°：由俯卧撑姿势开始，双腿屈膝，抬大腿，成全蹲。起立后即刻双脚蹬地全力、快速纵跳，双臂积极上摆，在空中转体360°。衔接下一个动作时要迅速屈膝下蹲，在双手即将撑地的同时，双脚向后伸蹬，成俯卧撑。连续进行。

（2）全身波浪起：由双腿左右稍开立开始。先做直腿体前屈，然后依次进行向前跪膝（收腹、含胸、低头）、向前挺（收腹、含胸、低头）、向前挺腹（含胸、低头）、挺胸、抬头，成反的"S"形波动，两臂在体侧画圆。连续进行。

（3）身体不协调动作组合练习：上右步的同时右手上举，上左步的同时左手上举，右步后退右手叉腰，左步后退左手叉腰。变换节奏。

**（三）条件刺激练习法**

（1）变方向跑练习：①做向前5米冲刺，接后退3米，左冲5米后右冲3米的练习；②在地上画一个边长为10米的正方形，做顺逆方向跑的连续练习。

（2）移动中的躲闪练习：用小体操垫设置障碍，练习者利用前滑步及左右滑步躲闪过小体操垫向前快速绕行前进。

（3）快速转体练习：听教师口令，做向前疾冲中突停，然后向后疾冲的练习。

**（四）游戏练习法**

（1）追逐练习：把练习者分为两人一组，一方任意先跑，另一方追逐，开始前保持3～5米间距，追上拍肩后交换练习。

（2）推拉练习：把练习者分为两人一组，站在直径为2.5米的圆圈内，双方允许使用推拉办法，一脚出圈者为负方。5～15次为一组，练习2～3组。

（3）触摸练习：把练习者分为两人一组，规定在一定的范围内用手触摸对方肩部，可以利用步法移动躲闪。

**（五）持器械式练习法**

（1）练习者自然站立，由两名以上同学手持排球或篮球向练习者投掷，练习者尽力躲闪，避免被投中。练习15～20秒为一组，重复3～5组。

（2）练习者持网球或弹性球，距墙壁2米站立，向墙壁投掷网球或弹性球，待弹回时用手迅速接住，练习时双脚要不停地前后左右移动。练习15～20秒为一组，重复3～5组。

总之，提高灵敏协调素质的训练方法很多，尽可能丰富训练手段，消除学生的练习疲劳感，以保证练习。

## 三、协调素质的定义

协调性是指人体在运动过程中身体各器官、系统在时间和空间上相互配合完成动作的能力。如伸肌和屈肌、上肢和下肢、躯干和肢体、神经和肌肉、感官和运动器官等的相互协同与配合。协调性是完成动作的基本条件之一，它贯穿于一切动作的始终，是人体速度、力量、耐力、平衡、柔韧等各种素质与运动技能协同的综合表现。一个人只有具备良好的协调素质，才能使动作做得省力、快速、舒展、流畅、准确、优美，才能顺利完成高、难、美的运动技能。

## 四、协调素质的生理基础

由于协调性是人体多项身体素质或机能与运动技能结合的综合表现，必定有着较广泛的生理学基础，涉及多个系统或器官的机能水平和彼此间的协作与配合，并与人的观察力、判断力、思维力、想象力、记忆力、鉴赏力、表现力和对动作的适应能力有着紧密直接的联系。

### （一）神经的协调作用

神经协调是指完成动作时神经过程的兴奋和抑制相互转换的配合与协同，是由运动中枢神经所控制的运动装置（肌肉）之间的循环联系通过反射活动而实现的。在完成运动反射活动的过程中，身体各肌肉群之间、肌肉活动与内脏活动之间、各脏器活动之间表现出同时和先后配合协作一致的现象。它包含神经系统交互抑制、兴奋扩散、优势现象以及反馈活动等复杂的生理过程。完成的动作越复杂，要求大脑皮质的兴奋与抑制过程配合得越精确。

### （二）肌肉的协调作用

肌肉的协调作用是指肌肉适宜而合理地进行收缩活动，其中包括肌肉收缩产生张力的大小和不同肌群收缩的先后顺序，以及同一肌群收缩与舒张的时间程序。张力的大小取决于参与收缩活动的肌纤维数量或运动单位募集的多少；不同肌群收缩的先后顺序取决于神经系统对所调控肌肉的募集的先后顺序和分化抑制的程度；同一肌群收缩与舒张的时间程序取决于其支配神经的兴奋与抑制的转换频率。以上三点达到高度的相互配合，就可增强肌肉收缩的协调性。除受神经支配外，肌肉协调性还与肌肉本身的结构、成分、肌肉内各种本体感受器等密切相关。

**（三）感知觉的协调作用**

感知觉协调包括内感受器协调和外感受器协调。所谓内感受器是人体肌肉、肌腱、关节内的感受肌体被牵拉和运动刺激的感受器，以及内脏和血管内感受压力变化与血液化学成分变化的感受器。外感受器则是体表的眼、耳、鼻、舌、皮肤，感受光、声、化学以及温度和机械等外界环境刺激的感受器。

（1）视觉在运动协调中的作用：视觉在运动中的协调主要以眼肌的协调为基本方式。球类运动中，它表现为运动中准确判断器械的空间位置、距离和运动员的动向以及球的运动速度、方向等。

（2）听觉在运动协调中的作用：听觉在运动中的协调主要体现在听觉分析作用上。它是语言思维和意识的生理学基础。

（3）前庭器官在运动协调中的作用：前庭器官在运动中的协调主要表现在前庭感受器的稳定性上。前庭感受器的稳定性越好，在前庭感受器受刺激时所发生的各种反应越弱，完成动作越顺利。

（4）本体感受器在运动中的协调作用：本体感受器是用来分别感受肌肉张力、长度变化和关节活动范围的。本体感受器通过牵张反射、腱反射来调节全身的肌肉收缩活动。因此，本体感受器机能的提高，对于促进运动技能的形成，使动作更加合理、协调、舒展，同时对于运动技术和战术的运用与创新均有重要的作用。

总之，在完成每项运动技能时，都依赖于大脑神经的调配、各种感受器对内外环境变化的感受以及肌肉之间合理用力的相互作用。无论动作怎样变化，总是先由各种感受器接收内外环境的变化刺激，将刺激转化为神经冲动，而发生大脑皮质的兴奋与抑制的相互转化，来支配和调节肌肉的收缩活动，使动作看上去舒展、协调、合理、准确。

## 五、发展协调素质的训练

由于协调性有着相对广泛而复杂的生理学基础，不同的运动练习方式对人体各器官、系统的刺激程度不一样，进而产生的适应性变化也各异。因此，要想全面提高人体的运动协调性，必须进行多种形式的训练和练习。在训练中常用的方法有轮臂腰绕环、波浪起、跳跃摆腿、垫步高抬腿、跳跃绕腿、跳跃放松、跑跳步振臂、侧并步转体、鞭打腿行进、左右击脚跳行进等。

第
五
章

# 初中学生的运动技术训练

# 第一节　运动技术的形成条件

## 一、运动技术概述

### （一）运动技术的概念

运动技术是指完成体育动作的方法，运动技术是学生竞技能力水平的重要决定因素。

参加不同体育项目的活动，需完成不同的动作，即需要学习和掌握不同的技术。合理的、正确的运动技术须符合项目运动规则的要求，能使学生的生理、心理能力得到充分的发挥，并有助于学生提高竞技水平。

各个运动项目的各种动作都要求符合人体运动力学基本原理的标准技术及规范，但对每个学生来说，又必须依据个体的生理学特点，选择和掌握具有个人特征的运动技术，才能更为有效地参与运动竞技。

### （二）运动技术的作用和意义

#### 1. 取得优异运动成绩的重要保证

技术在所有项目的竞技能力构成因素中起着决定性作用，尤其在技能类项目中显得尤为突出，它直接关系到学生运动成绩的高低。在体能类项目中，技术虽然不像在技能类项目中那样明显，但是如果在技术上存在着错误或不合理，也将成为影响成绩提高的主要障碍。如耐力性项目从技术动作的经济性和能量节省化角度看，技术不好就会过多消耗或浪费能量，影响运动成绩的提高。

#### 2. 提高和有效发挥身体训练水平的保证

运动成绩的不断创新受到各种因素的影响，其中身体训练水平与技术训练水平的关系极为密切。良好的身体训练水平是掌握和提高运动技术的基础，而只有掌握了运动技术才能更有效地发挥身体训练水平，使已获得的身体训练水平充分地表现出来，二者互为条件，相互制约。

**3. 形成战术、运用战术的基础**

很多运动项目的战术都是在其技术的基础上形成和发展的。技术是战术的基础，没有技术也就谈不上战术。同时，技术掌握得全面、多样，更有利于运用多种战术，而且技术掌握得扎实熟练，还可以提高运用战术的质量。

**4. 减少学生在训练和比赛中能量的消耗**

合理、有效的技术会使学生所做的动作趋于协调省力，形成正确的动力定型，从而使机体在运动过程中不必消耗过多的能量，在训练中保持旺盛的精力，创造优异的成绩。这在运动时间较长的项目中尤为重要。由于技术的重要性，在训练过程中技术训练是不可或缺的一个重要环节，学生技术训练水平的高低决定了其运动成绩的优劣。

## 二、运动技术要素及实质

### （一）动作结构及要素

**1. 动作结构**

完成动作是有机体各方面相互作用，而使身体各部分之间发生相对位置变化的结果。骨骼是完成动作的杠杆，关节是运动的枢纽，肌肉是运动的动力。每一个动作都是由开始（预备）、进行和结束三个环节构成的。在连续动作中，前一个动作的结束又是后一个动作的预备。

技术基础、技术环节和技术细节是完成动作的三个组成方面。技术基础按一定顺序、路线、节奏等要素组成技术基本部分。技术环节是指组成技术基础中的各个部分，是组成技术基础的小单位。以跳远为例，按助跑、起跳、腾空、落地的动作顺序构成了跳远技术的技术基础，其中各单个部分为技术环节。技术细节是指在完成动作时，在不影响技术结构的情况下所表现出来的细微技术，细微技术越合理，动作效果就越好。不同学生的技术风格是从技术细节表现出来的，学生的技术细节取决于其身体形态结构、运动素质和运动经验等多方面因素。学生掌握技术基础和技术环节相对比掌握技术细节容易些。如有些动作要求轻柔徐缓，有些动作要求刚健有力；有些动作要求快速灵活，有些动作要求稳健扎实，这些都是对技术细节上的要求，但要做到这些却比较困难。

## 2. 动作要素

动作要素包括身体姿势、动作轨迹、动作时间、动作速度、动作力量、动作速率、动作节奏等。

（1）身体姿势

身体姿势是指在做动作的过程中，身体及身体各部分所处的状态，即身体各部位在空间所处的位置关系。身体姿势分为开始姿势、动作进行过程中的姿势和结束姿势。开始姿势是指做动作之前，身体以及身体各部分所处的准备状态；动作进行过程中的姿势是指身体或身体各部分在完成动作时所处的状态；结束姿势是指动作结束时，身体或身体各部分所处的状态。

（2）动作轨迹

在做动作时，身体及身体各部分所移动的路线称为动作轨迹。动作轨迹有轨迹形式、轨迹方向、轨迹幅度。轨迹形式有直线、曲线、弧线等。轨迹方向根据人体正面、侧面、水平面三个基本面，可分为前、后、左、右、上、下六个基本方向。以人体为轴还可分为旋转及绕环等。轨迹幅度是指身体或身体某一部分的活动范围，是以长度或角度来衡量的。运动的本质是动态平衡，是身体在运动时在支撑基础上保持身体重心的能力。在这一方面，平衡性对灵敏性和整体运动的表现尤为重要，合理地启动并且同时改变身体移动的方向则需要合理的技术做保障。

（3）动作时间

动作时间是指完成动作所需要的时间，包括完成动作的总时间和各部分的延续时间。动作总时间是指完成动作所需的全部时间；动作各部分的延续时间是指完成动作的某一个环节所需要的时间。

（4）动作速度

动作速度是指在单位时间里身体或身体某部分移动的距离。动作速度包括平均速度、瞬时速度、初速度、末速度、角速度、加速度等。

（5）动作力量

动作力量是指在完成动作时，身体或身体某部分克服阻力所用力的大小。动作力量是人体内力和外力相互作用的结果。人体内力主要有肌肉收缩的力，此外，还有关节牢固力、肌肉黏滞性产生的力以及对抗肌的阻力等。人体外力主要有人体的重力、支撑反作用力、摩擦力、惯性力、离心力及外界环境的阻力等。内力是人体运动主动力的来源，直接决定了人体各环节的运动，而外力则使人体产生整体运动。

（6）动作速率

动作速率是指在单位时间内同一动作重复的次数。

（7）动作节奏

动作节奏是指完成动作时，用力的大小、时间间隔的长短、运动幅度的大小、动作快慢等因素的有机配合。节奏是一个综合性的因素。

### （二）运动技术及其实质

在体育运动中，技术一词是与具体形象动作紧密联系在一起的，体育运动技术属于"操作"技术，具体地说是人操纵自己身体运动的技术。所以运动技术可以定义为：能充分发挥学生身体能力的，合理、有效完成动作的方法。合理表现为遵循人体运动的规律，符合生物力学的原理与方法而进行的运动。有效表现为能最大限度地发挥人体潜在的运动能力，并使之转化到运动成绩上去。

合理、有效完成动作的方法是以理想的动作模式为衡量标准的。假如一个学生能按动作模式的要求完成某一动作，就应该说这个学生已完美地掌握了这个运动技术。

掌握完成动作的基本方法是比较容易的，但是掌握完成模式动作的完整方法就不那么容易了。这是因为理想动作模式是人们经过计算、设计创造出来的。按模式要求完成动作与每个人的条件有关，与训练的背景有关，这并不是所有学生短时间就能具备的。在许多情况下，学生所完成的动作与理想模式动作要产生一些偏差，消灭这些偏差在技术训练中是困难的。

随着运动实践与科学研究的发展，理想动作模式也不断地在发展、创新，这样，新的技术就必然不断地代替旧的技术。此外，运动器械、场地设备的改进和完善也会对运动技术提出新的要求。因此，各个运动项目的运动技术不可能永远停留在一个固定的模式上，保持在一个不变的水准上，其合理、有效是相对的。

在以人体运动完成的运动技术为内容的体育界中，还经常运用"运动技能"和"运动技巧"两个名词。

运动技能是指按一定技术方法要求完成动作的能力，也有的学者称之为动作的本身。人体的基本活动技能有走、跑、跳、投、攀登、爬越等。一个人基本活动技能储备得越多，学习运动技术就越快、越好。

运动技巧形成是条件反射的建立与巩固，任何运动动作的完成都是在大脑皮层支配下，肌肉收缩完成的，是大脑皮层产生了按照一定的、严格的顺序，交替地出现兴奋与抑制，进而发出神经指令，控制肌肉收缩的先后顺序、用力的大小、收缩速度的快慢等。

# 第二节 初中学生的运动技术分析

## 一、运动技术分析

技术分析是技术训练首先要解决的问题，每位教师以及学生在实施技术训练之前都应对动作技术进行深入的研究与分析，要明确动作的技术要领与方法，掌握其规律。在技术训练过程中也须不断地对学生完成的情况进行观察与分析，使训练取得良好的效果。

### （一）技术动作特征

技术动作特征基本可分为两大方面，即动作的质量特征和数量特征，这两大特征是相互关联的，但又可进行单独的测量、分析与研究。

动作的质量特征包括动作的节奏和动作的精确性。动作的节奏包括动作的流畅、和谐、弹性和对时间的掌握等。动作的精确性包括稳定性、速度、强度与数量等。动作的数量特征分为运动学和动力学两个方面。运动学特征包括动作的幅度、时间、速度、关节角度、位置特征、加速度等。动力学特征包括动作的力量、力矩、冲量以及肌肉工作的方式等。

### （二）技术分析方法

#### 1. 生物力学分析法

生物力学分析是以生物力学、人体解剖学的原理为依据，对技术动作特征进行分析的一种方法。这种方法要对技术动作进行必要的测量、计算，并以精确的定量数据进行分析。这种方法准确、可靠，具有说服力。但是，它需要人力、物力、时间，需要分析者具有生物力学、解剖学、数学等方面的知识，也需要实验地点与条件。虽然目前还难以广泛地利用它，但对优秀学生进行技术诊断是十分必要的，也是今后应该做到的。

### 2. 简单观察方法

简单观察方法要求教师、科学研究人员对学生现场训练中所完成的动作情况进行细致的观察，然后对所完成的动作情况与正确技术模式进行比较对照，从中找出错误，分析产生错误的原因，并提出改进措施。这种方法只能进行粗略的估计与分析，但是，由于它可随时运用，不要求有较高的条件设备，方法简单易行，因而被广泛运用。这种方法的准确性、可靠性，在很大程度上取决于观察者的水平、经验，需要分析者观察力强、经验丰富。

简单观察方法也有两种做法，即在学生完成动作时直接观察分析和借助电影、录像等技术间接观察分析。

在运用简单观察分析技术动作时应注意观察要准确，保证所获得的技术信息是可靠的，这是分析技术动作的基础，在观察时要善于发现相似技术的微小差异，要排除错觉、幻觉，使观察的结果与实际一致。为了保证观察的可靠性，要反复地观察，在必要时把直接观察与间接观察结合起来进行分析。在观察时可随时调整动作的要素，如调整动作的幅度、速度等。用录像间接观察时，可利用"停格"技术，以便从静止画面中或从慢速动作中进行观察、分析。在分析时，要考虑到影响技术的诸因素，要考虑到各因素之间的内在联系。在观察与分析时，要与正确技术动作进行对比，从比较中发现问题，并找出问题的原因。在直接观察分析时，应给学生以快速信息的传递，这个时间应控制在25秒之内。在分析技术动作时，要尽量鼓励学生参加，共同分析、研究，使学生成为训练的主人，对学生的意见要认真地倾听、分析，并与他们共同研究改进的措施。

## 二、初中运动技术分析的方法和一般步骤

### （一）运动技术分析的概念及作用

### 1. 运动技术分析（或运动技术诊断）

运动技术（或动作技术）是人们完成体育运动时肢体动作的方法。运动技术是一个结构复杂的整体，它一般是由若干相互联系和相互影响的动作组成的。

运动技术分析（或运动技术诊断）就是运用生物力学的理论和方法对运动技术的结构组成、运动技术特征、运动效果及其影响因素进行研究，提出实现运动技术的正确方法，为运动训练、体育教学、指导大众体育健身提供科学依据。

**2. 运动技术分析的作用举例**

体操的"特卡切夫腾越"技术是在单杠大回环中做"前摆向后分腿腾越再握杠成悬垂摆"这一组动作的总称,是由苏联运动员特卡切夫在20世纪70年代首创的惊险性动作。当时,为了更好地掌握这一创新动作,研究人员采用影像测量的方法对这一动作进行了测量和分析研究,从中获得了动作全过程中重心的运动轨迹和有关动作阶段的速度、关节角度等数据。经分析研究,明确了"脱手腾空再握杠"是这一运动技术的关键环节。

为保证实现脱手腾空再握杠的可能性,要求脱手后的腾空阶段,人体重心轨迹必须通过再握区。具体需要掌握脱手时机和脱手瞬间运动员重心的速度,其水平速度和垂直速度大约分别为"2.4(米/秒)和2.8(米/秒)",使脱手后能在"0.3～0.5秒"的时间范围内都有实现再握的可能性。

如果脱手过早、向前水平速度过大,会使运动员重心的轨迹偏向前方,导致运动员向前飞出或下落时撞在杠上;如果脱手过迟、向后水平速度过大,会使运动员的重心轨迹偏向后方,导致运动员向后飞出或下落时脱杠(无法再抓住杠)。由此可见,运动技术分析的目的在于揭示运动技术的基本规律,提出完成运动技术的合理方法,为运动技术教学训练指明方向。

**(二)运动技术要素及其意义**

**1. 运动技术的多样性和规律性**

运动技术的多样性使运动技术分析的难度加大,运动技术动作丰富多样,仅奥运竞技项目就有数十大类上百个项目,每个项目又由若干个运动技术组成。而且,各体育项目的目的任务不同,使得其运动技术的生物力学原理也不尽相同,甚至具有截然不同的生物力学特征。这给运动技术分析(诊断)的工作带来一定的难度。

运动技术的规律性使运动技术分析有矩可循。无论运动技术简单或复杂,都有一些代表运动技术特征的基本要素存在,人体运动的各种运动技术通常是由这些要素的合理组合或匹配体现出来的。因此,对运动技术的分析就可转化为对该项运动技术的基本要素及各要素间组合方式的分析。

运动技术要素定义:运动技术要素是指能够描述运动技术状况的基本数据元素。

运动技术要素筛选:运动技术动作是通过人体的肢体与外界相互作用而产

生的。器械的各种运动也是通过肢体的运动对器械产生作用而引起的。因此，所有运动技术（包括器械）其实都是机械运动，必然遵循机械运动规律。同时，由于运动技术的完成又不完全等同于机械运动，因此还需要神经肌肉的参与，必须考虑其生物特性。综合这两方面特征，可以使用与机械运动和神经肌肉运动相关的一些数据作为分析评价运动技术状况的基本要素。

**2. 运动技术要素的数据形式及其作用**

（1）动作姿位（姿势）

动作姿位是指运动中人体的整体运动姿态、环节运动姿态。由于人体肢体是一种以关节为枢纽的连杆结构，关节位置和关节角度的状况就决定了人体动作姿势的状况。因此，人体关节点位置数据、环节重心位置数据、人体总重心位置数据、关节角度数据等，基本上就能确定动作姿位的状况。这些数据主要通过影像测量的方法进行采集（如录像测量等）。其他还有关节角度的电测量法、红外光点摄影等测量法。

参加体育运动需要做动作，做动作是讲究姿势的，这不仅是美观的需要，更是决定能否实现动作目的的需要。因此，动作姿位是评价体育运动技术优劣最基本的要素。以下举三个方面的实例说明其对运动技术状况的影响。

其一，人体姿位是影响运动技术是否规范合理与有效的重要因素。举例：跳高过杆技术动作。从跨越式、剪式、滚式、俯卧式发展到背越式，过杆姿势的不同产生的运动效果不同。每一次技术的变化，除了谋求更充分地利用人的弹跳能力外，另一个重要的因素就是通过身体在杆上的姿势谋求更有利的技术效果，以便越过更高的高度。其中，背越式跳高的过杆姿势动作效果最好，因为背越式过杆动作的特点可以使身体的各环节依次过杆，并在杆上形成后桥姿态，可以充分利用上下体的补偿作用，使过杆时人体重心更靠近横杆（甚至在横杆以下），使学生在具有同样弹跳力的情况下，通过姿势的优势能够越过更高的高度。

其二，不同的身体姿位及不同的关节角度，对肌力的发挥有很大的差异。举例：短跑在最大跑速时，脚掌着地瞬间，新手与高手的关节角度仅差4°～6°，这时肌肉的拉力臂在该瞬间却可相差1.3～1.4倍。

其三，人体在水或空气中高速运动时，身体姿位不同会产生完全不同的流体动力学效果。举例：速滑运动中，为了减小空气阻力的影响和充分发挥人体下肢蹬伸的作用，优秀学生的滑行姿势一般是上体呈基本水平位，膝角为90°，踝角保持在65°～70°，这样可使滑行时始终保持合理的流线型姿势。举例：游泳的划水动作。手相对于水的姿位发生变化时，会使手与水之间的作用力以及手的升阻力系数受到很大的影响。划水时，手相对于水保持合理的角度，可以产生较大的划水推进力。

（2）动作幅度

动作幅度是指人体肢体某个特征点或某个环节在完成动作时移动的距离或角度。因此可以用点位移数据、角位移数据来确定动作幅度的大小。数据采集的方式是在关节点位置数据、环节重心位置数据、人体总重心位置数据关节角度数据的基础上进一步通过计算获得。即运动过程的每两个瞬时之间，其点的位置数据或关节角度数据之差就是点位移数据或角位移数据。

在完成运动技术的过程中，动作幅度的大小是代表人体运动过程中空间特征的重要数据形式，也是分析评价运动技术优劣的基本技术要素。举例：举重运动中的提铃动作。提铃动作向上运动的幅度太小会造成接铃动作困难，如果幅度太大又会引起杠铃"下砸力"过大，也会造成接铃困难；提铃动作向后运动幅度太小或太大，会造成杠铃不能准确提至合适位置，这是造成杠铃前掉或后掉的重要原因；提铃动作一般不应该在左右方向出现运动幅度，如果存在，则是两侧肢体发力不均匀的错误动作。举例：跳高起跳及各种跳跃动作时的肢体摆动动作。摆动部分的运动幅度、摆动方向对增大起跳力量、增强起跳效果和改善动作质量均有着重要影响。

（3）动作变化率

动作变化率是指人体某个特征点或关节角度在动作过程中的变化快慢。因此可以用点的速度数据、点的加速度数据、关节角速度数据、关节角加速度数据来描述动作变化率状况。数据的采集方式是在点位移数据、关节角位移数据的基础上进一步计算得到。其中，速度或角速度数据用点位移数据或关节角位移数据除以两个瞬时间隔时间得到。加速度数据或角速度数据是将两瞬时速度数据或角速度数据再除以两者之间的间隔时间得到。其中用到的时间数据可以通过摄像机"拍摄频率-1"取倒数得到。

速度数据不仅是很多体育项目衡量运动成绩的依据，速度及加速度数据更是运动技术质量和运动效果的决定因素。举例：投掷运动中，器械出手动作的速度会直接影响投掷成绩；足球凌空射门动作的效果，与摆腿、转体的角速度有密切关系；排球空中击球动作的效果，与向前挥臂时肩、肘、腕、手依次加速的速度和节奏的控制有关。

（4）用力方式

用力方式是指完成运动技术过程中随着时间变化而表现出的用力大小状态。因此可以采用动力曲线这种数据形式进行表现。习惯上用横坐标表示动作时间，纵坐标表示力值大小，各个不同的时间与其对应的力值就构成坐标点，由各坐标点连接描画出动力曲线。动力曲线数据通常使用测力装置进行采集，如三维测力台手工在体育器械上粘贴电阻应变片，然后通过应变测力仪采集数据等。

此外，由动力曲线得到某个时间点处力值的大小，可以派生出许多其他数据形式，根据其与支撑点的关系，可以派生出"力矩"数据；根据其与工作距离的关系，可以派生出"做功"数据，这些数据对某些运动技术的分析具有重要作用。

动力曲线是分析运动技术发力方式的最常用数据指标。在体育运动中，人体和器械运动状态变化的原因是由人体通过内力与其他媒介相互作用引起的。完成运动技术时用力的方向、大小、力的变化等，是影响运动技术效果的基本要素。同时，发力方式的特点也是评价学生技术特征的重要指标之一。举例：短跑时的蹬踏力，蹬地正压力的峰值可达体重的4倍，动力极值可达体重的5~8倍，蹬地正压力与运动技术密切相关，故通常用来作为短跑技术分析的一个指标；投掷标枪时，学生凭借风向及风力大小决定最后用力的方向，以求获得合理的升阻力和飞行稳定性。

（5）力的作用效果

力的作用效果是指在完成运动技术过程中，力引起肢体或器械产生的运动效果。由于力的作用效果是用其累积效应（冲量）进行度量的，而且根据动量定理，冲量和动量存在对应关系。因此常采用冲量数据指标来确定力的作用效果。冲量数据的采集可以在动力曲线数据的基础上通过进一步的计算得到，即动力曲线下所围的面积大小就是冲量的大小。

在体育运动中，许多运动技术的目的就是通过肌肉用力将人体自身或器械抛得更高、更远。决定被抛射物远度或高度的重要影响因素是抛射初速度，但这只是表面因素。而决定抛射初速度的实际因素却是被抛射物受到的力的冲量。在抛射物质量一定的情况下，受到的冲量越大，抛射物产生的速度改变量越大，抛射初速度也就越大。由此可见，力的冲量数据指标是运动技术分析中评价其效果的重要因素。举例：跳高以及篮球、排球项目中的一些跳跃动作等，由于都是以起跳后的腾空高度来评价其动作效果，因此可以用垂直方向力的冲量大小作为起跳技术效果的评价指标。

（6）动作协调性

动作协调性是指在完成运动技术过程中人体各肢体在时间、空间、动作速度等方面的合理配合。评价动作协调性的数据比较灵活，一般需要结合完成动作过程中的时间因素。也就是说，在某个动作瞬时，对本动作有重要影响的各肢体的位置是否准确到位，其位移大小和速度大小是否合适，发力过程是否平稳有效等。

运动时，尽管身体不同部位在一个整体动作中承担的任务不同，但合理的技术动作一定具有身体各部位相互协调配合的特点。因此各环节的相互配合状况是评价运动技术的重要因素。分析研究表明，配合环节的活动，对运动技术的完成和效果起着重要作用。举例：跳高运动中，支撑腿做起跳动作时，两臂及摆动腿配合支撑腿的起跳做摆动动作。在这个动作组合中，起跳腿的动作是工作环节，而两臂和摆动腿的动作是配合环节。跳高摆动动作可使身体重心相对高度升高18厘米，占重心腾起高度的25%～30%，摆动动作所增加的起跳力可达48～117千克。

在运动实践中，十分讲究身体各环节的配合形式及用力顺序。协调有序的运动技术是把各环节产生的力量与运动集中传递到身体的工作环节、器械或地面的基本保证。举例：推铅球时，身体各环节的活动是按下肢、躯干、投掷臂的顺序依次加速的，全身各环节的协调配合保证在器械出手前的一瞬间，将前面各运动阶段所获得的能量全部转移到器械上，使之产生最好的运动效果，不至于因动作的不协调而造成能量耗散。

在一定的运动时期内，对某一个学生来说，他所能产生的肌肉力及获得的外力的大小是相对固定的，但对于它们的利用率则可以有很大的不同。同样，也可以使阻力的作用效果发生一定的变化。合理的运动技术在于最大限度地增加动力利用率及减少阻力。举例：跳跃技术。协调有力的摆动动作能够产生惯性力，可以增加地面的反作用力；连贯协调的起跳动作可以避免肌肉松弛，可促使起跳腿肌肉收缩力增加，从而增大起跳力。因此，当下蹲到适宜位置时，不停顿地做蹬伸动作，所获得的起跳效果比停顿后再蹬伸要好。这是利用了肌肉的弹性力学特性，增大了肌肉收缩力的缘故。由此可见，运动实践中，增大动力利用率、减少阻力等，是与采用协调的运动技术、身体各环节的合理配合、利用肌肉力学性质等相联系的。

（7）肌电图数据

肌电信号是指在完成运动技术过程中参与工作的肌肉（群）产生的生物电信号。采集方式是通过针电极和表面电极方式引导其生物电，再由肌电仪进行采集并绘制成肌电图。由肌电图可以了解有关肌群用力顺序、用力稳定性及肌群间的协调配合等状况，据此可以判定肌肉的工作状况、工作特点等。

由于肌电图在目前是直接了解肌肉工作状况的唯一生物学信号，尽管目前在采集技术、定量分析等方面还受到很多限制，但是在有采集条件的研究项目中，对分析运动技术仍然是一项重要的数据指标。

**（三）选用运动技术要素的要点**

在不同的运动技术中起主要作用的技术要素不尽相同，所以在运动技术分析中，认真分析与选择对运动技术有重要影响的要素，才能全面客观地评价运动技术，促进运动技术的优化提高，否则会影响分析结果的有效性。

**1. 依据运动技术任务和特征选择要素**

在分析运动技术时，前面所列各技术要素不必面面俱到，而是需要对这些技术要素进行筛选，选出与具体运动技术关系密切的技术要素作为分析重点。但是由于各个运动项目的任务、目的不同，采用的运动技术也具有各自不同的动作形式和特征，因此在筛选其技术要素时要区别考虑。举例：短跑的任务是在尽可能短的时间内跑完规定的距离，技术动作特征是周期性的跑步动作。由此提出了步长（动作幅度）、步频（动作速率）这两个决定运动成绩的重要指标，这些指标显然属于运动学类的技术要素，包含了身体与肢体的位移、速度及加速度等数据。此外，还可采用后蹬角度、着地时足与地面的相对速度等指标，以判断跑步技术对动力利用率和减少阻力的情况。

**2. 突出主要运动技术要素**

对每项运动技术进行分析时，可能会筛选出若干相关的技术要素。在这些技术要素中，应该分清哪些是对目的任务有决定性作用的主要技术要素，哪些是次要技术要素，以便在分析时进行合理考虑。举例：竞技游泳技术动作包括入水、途中游及转身。以途中游技术为例，影响途中游技术水平的因素涉及游泳的推进力、推进效率、用力的方向与阻力等。在实际的游泳运动中，几乎不可能存在连续的推进力，所以，推进效率是影响途中游技术水平的主要因素。此外，由于阻力与速度的平方成正比，速度波动的大小对运动成绩影响较大，因此也可将速度视为另一个主要因素。

**3. 各运动技术要素的优化组合**

运动技术的合理化与最佳化还取决于各要素之间的最佳组合。一方面，各要素之间的相互联系，共同形成相应的技术特征；另一方面，各要素之间又不可避免地存在相互影响与制约。只有达到各要素之间的协调统一，并促使其完善，才可能取得最佳运动效果。举例：在斜抛类运动中，初速度和角度是决定抛射远度的重要因素。如果不考虑空气阻力，抛体的最佳理论抛射角是45°，这时可以达到最大飞行远度。然而，优秀的跳远学生的起跳角均在21°～24°，数据分析表明，这个范围内的起跳角可使助跑速度的利用率达到90%以上，产生最大的起跳初速度，实现较好的跳远成绩。能否通过起跳角的进一步加大来提高跳远成绩呢？这需要分析影响跳远成绩的两个主要因素是如何相互联系和制约的。人体跳远时必然遵循抛体的运动学规律，在不降低起跳初速度的前提下加大起跳角度，从理论上讲是可以提高远度的。但是人体在起跳过程中，与地面的相互作用受到用力方向、用力效果及动力利用率这些因素的制约。也就是说，起跳角这一要素受肌肉用力这个要素的制约。因为人体起跳的动力来源于快速助跑上板时肌肉的支撑力量和蹬伸力量，此时在总重心到支撑点连线与支撑点处垂线之间，前后夹角约15°范围内，如果肌肉力量小，就不会产生更大的起跳角。如果刻意追求起跳角的加大，在自身肌肉用力条件的限制下势必会以牺牲水平速度为代价，最终导致成绩下降。所以，各运动技术要素的组合应以求得最佳效果为目的。

**（四）运动技术分析一般步骤及方法**

在掌握了分析评价运动技术的基本技术要素之后，还需要进一步了解运动技术分析的基本方法和基本步骤。

**1. 划分运动技术环节**

运动技术环节是指一项运动技术中的各个基本动作阶段。体育运动各种项目的运动技术都是由一系列基本动作组成的。划分运动技术环节就是将一项完整的运动技术按其组成结构分解成简单的基本动作阶段。这样做有利于运动技术分析工作的目标更清晰。

在划分运动技术时，应了解该项运动技术的任务、动作结构，使划分合理。划分的精细程度要根据研究任务的需要而定。举例：跑是周期性运动形式。通常把跑的一个单步分为"腾空"和"支撑"两个技术环节。更精细的划分还可将其中的"支撑"环节进一步区分为"前支撑"和"后支撑"两个更小的技术环节。划分运动技术环节后，可对跑步周期中各技术环节的位移、速率、角度、角速度以及各技术环节的动作质量逐一分析评价。举例：排球强攻扣球运动技术是综合性运动形式。其技术环节可划分为"助跑""起跳""空中击球""落地"四个组成部分。更精细的划分还可将其中的"空中击球"环节进一步划分为"空中背弓""向后引臂""向前屈体""向前挥臂""击球"五个更小的技术环节。

**2. 确定运动技术环节中的关键技术环节和相互联系**

（1）关键技术环节

关键技术环节是指对整个运动技术起重要作用、有决定影响的技术环节。确定关键环节要在对每个运动技术环节进行充分分析的基础上进行，这样有利于充分了解各技术环节的作用以及关键环节与其他环节间的相互关系。举例：推铅球技术动作可划分四个技术环节，即持球准备（单手持铅球于肩上锁骨窝处）、滑步（或旋转）、推掷、结束动作。铅球是以投掷远度计算成绩的，推铅球整体运动技术的目的在于使铅球获得最大水平位移。四个环节只有滑步（或旋转）、推掷两个环节可能成为关键环节。进一步分析可知，滑步（或旋转）动作的技术目的是使铅球获得预先的初速度，为最后的推掷动作创造良好的条件。而推掷动作是保证尽可能多地利用已经获得的速度，并进一步对铅球实施最后用力。因此，推掷动作是投掷铅球技术的关键环节。在推掷动作中提高左摆右蹬动作的速度、幅度、连贯性以及技术的合理配合，是影响铅球投掷成绩的重要因素。

（2）相互联系

虽然组成完整动作的不同技术环节有其各自的动作形式和要求，但它们都属于一个完整动作的有机组成部分，都是为完成整体运动技术服务的。因此，它们之间必然存在着内在的联系。举例：排球的强攻扣球动作。该运动技术有四个组成部分：助跑的目的是使身体及时地移动到合适的起跳点并获得一定的水平速度；起跳的目的在于通过合理的技术动作，有效地将水平助跑速度转变为垂直速度，使人体获得最大腾空高度，并做好空中击球前的准备动作；空中击球的目的是集中助跑起跳获得的运动能量，通过充分的背弓、快速有力的挥臂完成击球动作；落地动作是扣球动作的结束，其任务是缓冲落地时受到的冲击力，防止损伤，并避免触网犯规，为下一个技术动作做好准备。排球强攻扣球动作技术的总体目的是通过击球点高度、击球力量、击球速度及击球时间的变化，提高击球的威力。因此，排球的强攻扣球动作四个技术环节各自的分任务都是为这一总体目的服务的，形成了四个技术环节的相互联系。

**3. 确定运动技术分析的对象、测试地点和测量方法**

在搞清楚了运动技术环节的相关知识后，下面的工作就是依据运动技术分析的任务和目的，选择完成运动技术的学生（被分析的对象）、运动技术数据的指标形式和测量地点，并据此确定具体的数据测量方法。

（1）运动技术分析的对象

确定运动技术分析的对象是以研究目的来进行考虑的。一般有两种情况：其一，为优秀学生提高运动成绩进行运动技术诊断服务。运动技术分析的对象就是学生本人，同时可以选取同一专项最优秀的学生的运动技术数据进行对比。其二，研究某项运动技术的基本特征和规律。通常挑选运动技术规范、运动成绩较好的学生作为运动技术分析的对象。通过对他们的运动技术数据的分析，探索其中具有共性的技术特征和规律。

（2）测试地点

测试地点有三种情况，每种都有各自的优势和局限，需要根据实际情况加以选择。

实验室：实验室测试的优势之处在于实验条件可控，便于实现重复测试。但是由于实验室受场地条件、环境、气氛与实际情况的限制，会影响学生完成运动技术的真实性。

训练场：在训练场的测试相对接近真实情况，学生对环境熟悉，运动技术不容易变形走样。此外，很多项目不具备实验室条件，如速滑、赛艇、球类、体操等的研究通常只能在训练场进行。但在训练场进行的测试，实验条件（如气候、设备安装等）受到一定的限制，会在一定程度上影响测量数据的准确性。

比赛现场：为了获得国内外最优秀学生在真实比赛状态时的运动技术特征，测试要在比赛现场完成。比赛现场采集到的数据真实性最强，虽然实验条件会大大受限，但是与其数据的真实性比较，仍然是最宝贵、最权威的运动技术数据。到目前为止，能在国际、国内重大比赛中进行现场测量的方法，只有影像测量方法。

（3）测量方法

在运动技术分析中常用的测量方法主要有三种：影像测量方法、动力测量方法、肌电测量方法。应用方式包括单纯采用某一种测量方法，两种或三种测量方法同时使用形成的同步组合测量方法等。

选择测量方法需要考虑运动技术分析的目的、运动技术数据的种类、运动技术对测试条件的限制等因素。事实上，这三个因素中运动技术对测量条件的限制往往是选择测量方法的主要限制因素。

首先，影像测量方法是所有测量方法中最不受限制的方法，因此几乎任何形式的运动技术分析，都可以将影像测量方法加入其中。其次，动力学测量方法受设备安装和技术动作范围大小等因素的限制，只能在某些运动技术形式中使用。最后，肌电测量方法是受限制最多的测量方法，因为需要在学生身上安装表面电极，并佩戴发射装置，因而会对学生的动作造成影响。举例：在正规比赛中进行的测量，只能选择影像测量方法。此外，对在训练场进行，而且运动范围较大，不适宜安装测力设备的一些运动技术，也只能采用影像测量方法。举例：对运动范围不大，又是在非比赛状态，且有安装测力装置条件的一些运动技术，如举重等，可以采用影像测量和动力测量，形成同步组合测量方法，使得两种测量方法的数据能够相互佐证，更具有说服力。再如，射箭等，在采用前两种测量方法的同时，有条件的还可以增加肌电学的测量。

**4. 数据处理与数据分析**

在通过测量获得运动技术数据以后，下一步工作就是对所测数据进行处理和分析，以便从中解读出分析评价运动技术所需要的运动技术信息。

（1）数据处理

测量所得数据称为原始数据，它在包含运动技术信息的同时，也包含了各种各样的误差信息。因此需要对原始数据进行科学处理，以去除误差，保留真实信息。同时还需要将数据以一个直观形象的方式加以表现，以帮助后续的数据分析。运动技术分析中用到的数据处理形式主要有两种：其一，运动生物力学数据处理。运动生物力学数据处理的特点主要是针对特定的学生或特定的运动技术进行分析研究，即个体研究。其二，统计学处理。统计学处理的特点主要是针对某种具有共性的技术进行分析研究，即群体研究。举例：短跑的途中对跑的技术进行研究。有人通过测量途中跑阶段的步长，然后按照不同运动水平分组，对学生的步长进行统计。结果表明，运动成绩与步长具有显著相关性，据此提出了运动成绩的提高应加大步长的意见。再由人体测量数据表明，我国学生腿较短，提高步长受到一定限制。结合这两个方面的结果，有人提出可通过加强髋关节的灵活性来解决步长与腿短的矛盾。举例：有人通过大样本测量跳高、跳远、三级跳的最后三步、五步步长的变化，找出了步长变化的关系，据此总结出不同水平、不同成绩的学生的步长变化规律。

（2）数据分析

数据分析是指以运动生物力学的理论为指导，参考优秀学生的相关数据和教师的实践经验，对数据处理所得结果进行分析思考，从中解读出它们所包含的运动技术信息。这些信息包括发现人体运动的某种规律、发现运动技术的某种特征等。对这些信息加以总结、提炼，可为体育教学、训练提供依据，并进一步提出完成运动技术的合理方法以及相应配套的辅助训练方法等。举例：有人对短跑的分析得出下列有意义的结论。步频、步长两个基本指标反映短跑成绩的优劣。欲达到世界高水平男子100米跑成绩，学生的步长、身高、步频间应具有下列数据特征：步频×身高的指数应达到8.14；步长/身高的指数应达到1.14；支撑腿着地时，为了减少足着地时的阻力和速度损失，着地时足与地面之间的相对速度要小。当跑速很大时，支撑腿膝关节缓冲程度应相应增大，后蹬角应相应减小。这种技术有利于提高跑速。塑胶跑道的弹性大大高于煤渣跑道，因此导致蹬地技术的变化，即在快速蹬伸时膝关节不必充分伸展的蹬地技术。具体在蹬离地面时，膝关节角度在165°±8°的范围内。采取这样的技术，既可以提高步频，同时又不影响蹬地效果。

### （五）运动技术分析中主要问题讨论

运动技术训练的目的是使学生学习和掌握合理先进的技术，充分发挥身体潜能，提高运动成绩。目前在运动技术分析（诊断）中有以下三个问题值得重视。

**1. 运动技术模式问题**

所谓运动技术模式，其实是某项运动技术的一种基本标准。它涉及运动技术的一种共性问题，即当某项运动技术形式经过实践检验被认为优秀时，它应该具备哪些基本特征。研究运动技术模式问题往往要结合运动实践需要，将学生按不同水平、不同技术特点分组，选择若干运动技术要素，通过测量获取运动技术数据，经统计学处理，再利用运动生物力学原理进行分析，找到该项运动技术应该具有的一些基本特征，提出运动技术的基本标准和完成运动技术的合理方法，从而建立起所谓的运动技术模式。运动技术模式与运动技术诊断并不矛盾。前者侧重的是运动技术的共性，后者侧重的是学生个人的技术特点。

**2. 运动技术诊断问题**

运动技术诊断工作目前在国际上非常普及，许多体育强国都在训练基地装备了生物力学测试仪器，对运动技术进行经常性的测试和改进并取得了显著的成绩。我国这一工作正在开展，运动技术诊断逐渐成为教师和学生进行科学训练的有力工具。

运动技术诊断考虑较多的问题有以下三个方面：首先，应了解和掌握国内外顶尖水平学生的技术数据，从中得到某些技术指标的发展变化情况，明确哪些指标对该项技术最敏感，这是运动技术诊断的基础。其次，对诊断对象的身体形态及运动素质进行详细的测试，收集比赛中不同成绩对应的各项运动技术指标，依据运动生物力学原理进行分析，结合影片的观察，进行技术数据的对比分析，找出差异与存在的问题，提出改进运动技术的建议。最后，针对发现的问题提出纠正办法。这些办法主要表现为结合专项训练特点，研究和设计一些辅助训练方法，帮助学生提高某方面的能力、增强某方面的技能等，使技术问题能够逐步得到解决。这个问题最具有实际意义，但也是目前在运动技术诊断中最易被忽视的问题。

**3. 技术训练的针对性问题**

一项运动技术符合相关运动技术原理只能表明该运动技术是正确的，但并不能保证是最佳的。运动技术只有在正确的基础上，结合考虑个人特点进行有针对性的训练，使其符合最佳运动技术要求，才能保证是最理想、最有效的技术。因此在指导技术训练的过程中，应重视学生的个人特点。运动技术的生物力学原理只是从生物力学角度反映了各项运动技术带有共性的普遍规律，而每个学生的身体形态和身体素质不同，必然会在具体的动作形式上要求有能够符合这种不同特征的技术形式。因此在技术训练过程中，教师应经过实践逐步摸索出符合学生个人身体特点、身体素质特点、原有技术基础特点的合理技术，实施有针对性的训练，这是运动生物力学利用运动技术分析指导训练的基本原则。举例：举重的提铃技术。虽然从一般技术原理来说臀位太低不利于发力，但又不是绝对的，要视学生的身体特点而定。腿短躯干长、腿部力量强者，就应采用臀位相对较低的提铃技术，这样才能扬长避短，充分发挥其腿部力量强的优势，避免腰部负担过重而造成失败或受伤。而腿长躯干短、腰部力量强、腿部力量弱者，则应采用臀位相对较高的提铃技术，这样才能充分发挥腰部伸肌的力量，避免腿部负担过重造成失败或损伤。

## 三、跑的运动技术分析

### （一）分析跑的准备工作

#### 1. 跑的运动技术环节分析

跑是人类活动的基本动作之一，也是很多体育项目的基础。体育运动的动作分为周期性和非周期性两大类，跑则属于周期性运动技术。周期性运动技术一般只需要分析其中的一个周期动作即可了解全貌。跑步有单周期和双周期之分，跑的单周期动作是以一条腿为观察对象，从其触地开始经腾空到下一次触地为止的动作阶段。跑的双周期是以两条腿为观察对象，两条腿分别完成一次单周期动作的动作阶段。以下只讨论途中跑动作中的单周期动作。

为了分析运动技术的方便，一般把短跑途中跑的一个单步动作划分为三个运动技术环节，用三个时相（动作瞬间）来进行划分：缓冲环节，着地时（摆动腿着地瞬间）到蹬伸时（人体重心在支撑点垂线瞬间）；蹬伸环节，蹬伸时到离地时（支撑腿离地瞬间）；腾空环节，离地时到着地时两腿分别做蹬、摆运动。支撑腿从着地瞬间开始，对地面做缓冲及蹬伸动作，获得人体移动的动力；摆动腿同时做加速前摆动作，能够产生惯性反动作力增强支撑腿的蹬伸力。支撑腿离地后进入腾空环节，支撑腿做折叠前摆，摆动腿做下压着地动作。腾空结束后，摆动腿着地交换为支撑腿，原支撑腿交换为摆动腿，然后接下一个单步动作。上肢动作配合下肢做屈臂前后摆动，维持人体平衡。

**2. 跑步的运动技术要素分析**

跑步的主要目的是使人体快速位移，因此速度就成为讨论问题的核心，而速度又是由步长和步频决定的。通过了解影响跑步速度的技术要素，可以了解构成跑速的技术要素及相互之间的关系。

（1）步长（位移）

步长由着地距离、后蹬距离和腾空距离三部分组成。其中，着地距离受缓冲技术的影响，后蹬距离受制于脚底摩擦力和后蹬技术，腾空距离由离地速度和角度决定。

（2）步频（速率）

一个单步占用时间的长短是构成步频快慢的因素。在进行步频分析时，可将其划分为支撑时间和腾空时间两个部分。支撑时间还可进一步划分为缓冲时间和蹬伸时间。

（3）步长和步频的关系

步长和步频的关系既统一又矛盾。其统一性在于步长和步频共同决定跑速；其矛盾性在于步长和步频相互制约，盲目追求提高步频，步长必然要缩短，反之亦然。所以应在适当步长的基础上加快步频。

（4）选用运动技术要素特点

从以上的分析中可以看出，跑的技术所涉及的运动技术要素较多的是运动学类要素，其次是动力学类要素。跑是一项在大范围内进行的运动，受数据测量条件限制，在技术要素的选择上，大多是以运动学类技术要素为主，辅之动力学类的技术要素。

**（二）途中跑技术的运动学分析**

**1. 时间数据特征**

跑的三个环节占用时间一般具有这样的特征：腾空时间＞蹬伸时间＞缓冲时间。男女学生短跑时蹬伸阶段的时间是缓冲阶段时间的2倍多一点，而腾空时间几乎是蹬伸阶段时间的2倍。男女学生的步频相近，但单步重心、水平、位移、距离和速度，男子比女子大，其余几项男女都相差无几。

　　腾空时间与支撑时间的变化有如下规律。在跑的每一个周期中，各运动技术环节占用的时间都受到跑速的影响。一般而言，随着跑速的增加，各技术环节占用的时间逐步缩短，但会呈现这样一个特点：当跑速较慢时，支撑时间大于腾空时间；当跑速较快时，支撑时间小于腾空时间。也就是说，随着跑速加快，支撑时间的缩短要快于腾空时间。

### 2. 位移数据特征

　　缩短着地距离可减小阻力，学生腾空着地时不可能没有阻力，但如果缩短了着地距离，就可起到减小阻力的作用，有利于跑速的发挥。"着地距离"的缩短必然会影响步长的大小，这是一个矛盾。如果通过牺牲一定的步长所获得的动力，能给整个跑的技术带来更大的效益，自然就是值得的。"脚着地速度"为负值，表示脚着地时是向后运动，与跑进的速度相反。

　　一般而言，步长、步频都随跑速的增大而提高，但增大的比例不是线性关系。在跑速增大的初始阶段，步长的增大要比步频的增大更为显著。但是，当跑速达到一定程度时，则转变为以步频的增大为主，而此时步长的增加逐渐趋缓，直到不再增加。

### 3. 关节角度数据特征

　　腾空后的着地缓冲主要是由踝关节做负功完成的。踝关节角度变化幅度（角位移）为34°～38°，而膝关节角只有4°～10°，髋关节基本未参与缓冲动作。短跑技术要求着地前摆动腿的髋、膝、踝关节做积极蹬伸，使人体保持较稳定的重心高度并前移。整个缓冲支撑时期在促进身体前移方面，各关节的活动所起的作用大致是相同的。目前比较一致的认识是，短跑学生在完成蹬伸动作时，膝关节不必充分伸直。在蹬伸结束时，膝关节角在150°～165°。

　　蹬伸时膝关节不必充分伸直的原因分析。其一，对蹬伸距离影响。当膝关节从165°角伸展到180°角时，膝关节与髋关节之间的水平距离非但没有增加，反而缩短了8毫米，这是由于胫骨关节面向股骨关节面曲率半径大的那一部分滑动。其二，对后续动作影响。后蹬离地时膝关节过分蹬直，直接影响了后续的屈膝摆动动作（小腿折叠动作）。其三，对蹬地功率影响。较大的蹬伸动作虽然可以增大蹬地功率，但是蹬地功率与跑速之间的相关关系很小，甚至有研究发现国家级优秀短跑运动员发挥的蹬地功率比初级运动员还小。快速跑时，不需要每次蹬地都产生很大蹬地力，而需要蹬地功率与步频的最佳配合，跑得放松。

踝关节活动幅度虽然很大，但小腿三头肌的收缩幅度却很小。小腿三头肌在缓冲时被拉长了3~4厘米，但进入蹬伸阶段，其长度几乎不变，因此缓冲与蹬伸时，踝关节的活动是由小腿三头肌肌腱等的弹性变形与复原完成的，这是踝关节利用非代谢能工作。因此，就要求踝关节的肌腱有非常好的弹性和强度。弹性好在缓冲阶段可储存更多的能量，强度大在蹬伸阶段可支撑住髋膝关节肌肉的蹬伸力。踝关节结构的功能特点对于跑步能力具有重要的意义。

**（三）跳的运动技术分析**

跳的目的是使身体在空间产生位移，但不同的项目追求位移的方式各有区别，其中，跳远、三级跳远追求最大远度；跳高、撑竿跳高追求最大高度；跳马同时追求远度及高度。

不同项目对位移的测量方式也有区别。依据竞赛规则，跳远测量起跳板前沿至落地后最近触地点的距离，因此要求着地动作要在身体不后倒的情况下尽可能远地前伸两腿；跳高测量地面至横杆的高度，因此要求使身体越过的横杆高度接近或超过身体重心所达到的最大高度；跳马要求的高度和远度，是为了保证有足够的腾空时间和空间以便完成空中动作，并给人以感官上的美感。

**1. 助跑**

助跑的作用是在起跳前根据不同项目的目标给予人体适宜的水平速度。它对后续起跳动作产生影响。

（1）对起跳初速的影响：助跑速度越快，起跳时腾起初速度就越大。

（2）对踏跳时间的影响：助跑速度越快，起跳时间就越短。例如，跳高的起跳时间平均约为0.18秒；跳远平均约为0.12秒；百米途中跑平均支撑时间约为0.1秒。学生需要在如此短的起跳时间里完成缓冲和充分向上蹬伸的动作，因此，踏跳动作就要求学生具备足够强的起跳能力，否则不可能获得较大的腾起角。

（3）对起跳角度的影响：助跑速度越快，腾起角就越小。为了保证有足够大的起跳角，学生并不都是采用全速助跑。不同的项目有其特有的助跑速度范围要求，如跳高的起跳角要比跳远大，因此跳高的助跑速度就要比跳远小。

（4）对腿部肌力的影响：较大的助跑速度有利于在起跳的缓冲阶段更多地将一部分水平动能转化为肌肉的弹性势能，为增大蹬地力创造更好的条件。

跳跃项目的助跑速度总比学生本身所能达到的极限速度低，说明助跑速度存在很大的潜力可以挖掘。但是这种潜力的利用是以提高学生起跳能力为前提条件的。也就是说，学生的起跳能力越强，利用助跑速度的能力才越强，如果盲目地加大助跑速度，则会使学生跳不起来（不能获得应有的起跳角）。

**2. 助跑与起跳的衔接**

助跑与起跳的衔接是跳跃完整技术中十分重要的环节，它起着承前启后的作用，同时对正确地完成动作，提高跳跃效果具有直接影响。助跑与起跳衔接动作的特征是：步频加快最后的二至四步，需要加快步频以便与踏跳动作的速度相适应；重心降低最后的二至四步，需要适当降低重心，为踏跳的缓冲动作做准备。

降低重心的作用是：增大起跳垂直初速度和腾起角，降低重心可使起跳具有更大的向上蹬伸空间，有利于增大起跳力的垂直冲量，从而增大起跳垂直初速度和腾起角。增大垂直运动距离，重心的下降可使起跳着地缓冲时人体重心处于较低位置，从而在起跳蹬伸阶段获得较大的垂直距离，加大了工作距离。

**3. 起跳**

起跳是跳跃技术中的关键环节，可进一步划分为着地、缓冲和蹬伸三个更细的技术环节。起跳实现了速度重新分配。起跳时应充分利用助跑所获得的速度，在较短的时间内创造尽可能大的腾起角以及获得适宜的动量矩。这里并没有强调创造尽可能大的腾起初速度，是因为腾起速度来源于助跑速度，而起跳过程是将部分水平速度转化为垂直速度的过程。起跳作用力使水平速度减少，垂直速度增加。在起跳过程中，人体在水平方向受到的力大部分是向后的阻力（与跳跃方向相反的力），这个力使人体水平运动的速度降低。而在垂直方向受到的力则是向上的地面反作用力，这个力使人体向上的运动速度增加。因此，无论是跳高还是跳远的起跳动作，人体的运动速度均表现为水平速度下降，垂直速度增加。

**4. 腾空和落地**

腾空和落地这两个技术环节对于不同的跳跃运动有不同的要求，属于各项目的特殊情况，因此，这项内容放在具体项目的技术分析中讨论。

**5. 选用运动技术要素特点**

从以上分析中可以看到，跳跃运动技术所涉及的运动技术要素较多的是运动学要素，其次是动力学要素。跳跃运动虽然是一个在大范围内进行的运动，但是其主要技术环节（起跳）是在一个相对固定的位置完成的，使得动力学数据的测量具有相对方便之处。因此在技术要素的选择上，尽管仍然是以运动学技术要素为主，但是针对起跳动作的分析，也经常将动力学技术要素作为另一项重要的数据。

# 第三节　初中学生的运动技能迁移

## 一、运动技能迁移

运动技能存在大量的迁移现象。常见一个人掌握某一种运动技能后，而影响到对另一种技能学习的现象，这里就存在着运动技能迁移原理。

### （一）技能迁移种类

正迁移：是指掌握一种运动技能，对所学习的另一种运动技能产生积极影响。

负迁移：是指掌握一种运动技能，对学习新的运动技能产生不良影响。

直接迁移：是指掌握一种运动技能，可以直接影响到对另一种运动技能的掌握与学习。

间接迁移：是指掌握一种运动技能，虽然不能直接影响到对另一种运动技能的掌握，但可起到间接影响的作用。

纵迁移：是指两种不同动作，但皆属于同一项目之间的影响。

横迁移：是指两种不同项目之间技能的迁移。

顺向迁移：是指掌握一种较易动作，对学习较难动作的影响。

逆向迁移：是指学习新的运动技能以后，对原已掌握的运动技能的影响。

### （二）迁移的产生

迁移原理之所以存在，是因为客观事物存在着普遍联系和互相制约的原因。从动作本身来分析，是因为有些动作结构基本相同，有着共同的要素，并且这些要素的要求基本相同；从练习者本身来说，是因为练习者已掌握了某些运动技能，具备了某些技能的储备，因此在学习新技能时，在新刺激物的作用下，使得与新刺激有联系的已有的神经暂时联系的痕迹被激活，并参与新联系的建立或对旧联系改组，从而使已有的神经联系得到扩大、蔓延和发展，因而对学习新技能产生影响，这种影响是积极的，则促进新技能的学习；若是消极的，对新技能的学习就起到相反的作用。

迁移也是一种复杂的心理过程，既受客观影响，也受主观影响，在训练时不仅要注意生理因素，也要注意心理因素，而且应予以特别注意。影响技能迁移的因素主要有心理状态、训练条件（训练背景）、训练安排、技能储备、对技能结构的认识、教师的指导等。在训练中要创造条件，使迁移向良好方向发展。

### （三）对"迁移原理"的运用

迁移原理广泛存在并自始至终地贯穿于训练之中，运用迁移原理是技术训练的一个重要手段，那么，如何利用这一原理呢？

**1. 加深对动作概念的理解**

学生对动作概念理解得越深刻，对动作结构认识得越清楚，对动作界限认识得越明显，就越便于他们利用相似的动作结构，使之产生正迁移，克服干扰。

**2. 动作要熟练、巩固**

根据条件反射泛化原理，相似刺激物可以引起类同的反应。因此，学生掌握的动作越多、越巩固，建立起来的暂时性神经联系也就越多、越牢固。这样，在学习一个新的相似动作时，就越容易引起迁移。

**3. 掌握好两种技术的训练时间**

如果对某一动作熟练之后，再学习新动作，虽然在学习初期可能相互干扰，但随着时间的延长和对新动作的巩固，其干扰就会减少。所以，在学习两种容易产生干扰的动作时，其时间间隔要长一些，特别是学习主要结构不同，而次要结构相同的两个动作时更应如此。

**4. 能力培养**

注意培养学生对新技术与原有储备技术分辨的能力，这样做不仅可以避免负迁移的产生，同时还能使学生把新旧技术有机地联系起来，以保证新技术的学习，旧技术的巩固。

**5. 对比方法**

正确运用对比方法进行训练，有利于正迁移的产生。

**6. 自觉性培养**

培养学生自觉地运用技术迁移原理，在训练时，要启发、引导他们发现迁移，鼓励他们概括已有的经验并设法运用。

## 二、运动技术的基本要求

### （一）基本技术训练应贯穿运动训练的全过程

基本技术是高难技术的基础，只有基本技术扎实，才能使高难技术更上一层楼，因此在训练全过程中要长时间坚持不懈地狠抓基本技术训练。

### （二）技术训练要做到全面、实用、准确、熟练

技术全面是指要求学生全面掌握组成专项运动中的各个技术动作，技术全面并不排除抓好重点技术。相反，应在抓好全面技术训练的同时抓好重点技术，如抓好专项关键性的技术、分工技术，根据学生特点，有利于发挥特长技术等。技术实用是指技术训练一定要切合实际，符合比赛的要求，反对华而不实。对于优秀学生应训练他们在有负荷的情况下，在困难的环境里运用技术的能力。技术准确是指技术训练要按动作要领方法练习，使之达到模式水平。技术熟练是指技术达到技巧水平，熟能生巧，技术熟练，在比赛中就能运用得好。技术的全面、实用、准确、熟练之间是相互联系、互为条件的，在技术训练中要全面贯彻。

### （三）要考虑学生个人特点

在技术训练中，除了要求学生按统一的技术规格要求外，还要考虑到学生的个人特点，因人而异地提出不同的要求。这是因为学生之间存在着客观的差异，在掌握技术时，就不可能完全按统一的模式进行。在有些情况下，学生某些技术看起来是不符合技术规格要求的，但是，对于该学生来说，也可能就更合适一些，尤其对一些训练晚的学生在技术训练时更应注意这一点，这样做对充分发挥学生个人技术特点是有意义的。

### （四）学习国外先进技术要同我国的实际相结合

对国外先进技术必须学习、引进，以提高学生的技术水平，但要从我国实际出发，不要盲目照搬。对我国技术训练的经验与做法要很好地总结，形成我们自己的技术训练特点，自己的技术风格。

# 第四节 初中体育运动技术训练的实施

## 一、运动技术形成阶段及各阶段教学训练的特点

运动技术形式可分为三个阶段，即粗略形成技术阶段、改进提高技术阶段和巩固运用技术阶段。各阶段技术形成情况不同，因而训练任务以及所采用的训练方法、手段也都各有其特点。

### （一）粗略形成技术阶段

这个阶段的特点是大脑皮质兴奋过程广泛扩散，处于泛化阶段，内抑制不强，动作表现不协调、吃力、缺乏自控力，伴随较多的多余动作。动作质量很低，在精确性、连贯性和稳定性上也都很差，只能粗略掌握动作的主要过程。这个阶段的主要任务是确定技术训练目标，形成动作表象，学习动作的主要过程。

此阶段采用的教学训练方法主要是讲解法、示范法、分解法、完整法、重复训练法。在采用讲解法与示范法时，应充分利用学生的视觉、听觉形成动作表象，明确动作的技术结构及技术要领，建立完整的技术概念。对较难技术动作或成套的技术动作，开始时通常采用分解法教学，从分解到完整逐步地掌握技术。在使用重复训练法时，往往是在简化动作或降低要求的情况下教学，有时也运用诱导性练习去掌握某一技术环节。

本阶段应十分注意增强学生的信心和意志力，尤其对那些经过努力但效果不显著的学生更为重要。同时还要善于发现错误动作，及早预防与纠正，将错误动作消灭在萌芽之中。

### （二）改进提高技术阶段

这个阶段的特点是大脑皮质兴奋与抑制过程处于分化阶段，兴奋相对集

中，内抑制逐步发展，克服了动作的牵强。不协调现象、多余动作得到很大程度的消除，能在有利的条件下比较轻松地完成技术，质量也较好，基本上形成了动力定型。但是，此阶段的动作还不熟练，动力定型还不巩固，技术还存在一些缺陷，甚至还会出现已经掌握的动作有时也完不成，或已经克服了的缺陷又重新出现的现象，这种现象称为"一时不振"。

此阶段的主要任务是进一步建立动作表象，消除多余动作，提高动作质量，基本达到技术规格的要求。这一阶段主要采用重复训练法、变换训练法等。通过这些方法使学生充分利用肌肉的本体感觉去体会动作的要领方法，从机体的内部信息去进行控制和调整。完整法在此阶段也大量使用，而分解法只用于个别技术环节，往往作为纠正错误动作的方法。使用变换训练法则是为了彻底纠正某些错误动作。

在此阶段应注意培养学生对技术精益求精的追求，要克服"差不多"的思想。这个阶段会不可避免地出现"技术高原"现象，即技术停滞现象。出现技术高原现象的原因很多，如由于长时间训练造成机体疲劳，兴趣下降；身体训练水平降低，适应不了技术训练的要求；旧的技能干扰；等等。"技术高原"与"一时不振"不同，技术高原现象从某种意义上讲有其积极作用，只要把出现技术高原现象的原因找到并克服了，技术就会得到改进与提高，因此可视为技术发展的准备期。而"一时不振"是技术恶化的表现，是消极的现象，产生一时不振的原因主要是训练方法不当、训练环境差、学生精神状态不佳等，"一时不振"现象随时都可能出现，要时刻预防。

（三）巩固运用技术阶段

这个阶段的特点是大脑皮质兴奋过程高度集中，内抑制加强。动作表现为准确、省力、轻松、自然、应变能力强，并达到了自动化程度，形成了巩固的技术动力定型。学生能在困难的条件下较好地完成技术动作，动作质量在有干扰的情况下也能达到要求，而且能在比赛中根据具体情况，随机应变地完成动作，甚至有时还会创造性地完成动作。

此阶段技术训练的主要任务是巩固动力定型，使之在困难条件下和在比赛中能自如地运用技术。

本阶段采用的主要训练方法是重复训练法、变换训练法、比赛法等。运用重复训练法的目的在于提高技术的精确性，进一步巩固动力定型，使学生达到自动化；运用变换训练法的目的在于提高技术的应变能力，使学生在各种不利的条件下也能顺利地完成技术动作；使用比赛法的目的在于提高技术的实用性，使学生在身体疲劳和有对手干扰的情况下也能运用技术，并能取得良好的效果。这一阶段改进技术的任务主要侧重在技术细节，使技术达到"炉火纯青"的程度。这一阶段还要注意挖掘学生的潜力，发挥其特长，因人而异地形成技术"绝招"。

在这一阶段还应经常进行念动训练，通过念动训练，使技术概念和运动器官形成联系，从而引起局部肌肉微弱的、难以观察到的、为技术形成所特有的运动。

技术形成的三个阶段彼此是紧密联系的，它们之间没有截然的界限，是相对而言的，在技术训练中，一方面应在各阶段采用相应的训练方法手段，另一方面也应注意到各阶段的内在联系。

## 二、技术训练的实施

### （一）练习是学生掌握技术的基本途径

动作技术表现为学生操纵自己的身体去完成某一个动作，这一特点决定了教学训练方法的特殊性，只有学生亲自"练"，才能操纵自己的身体去运动，才能掌握动作。练习是学生掌握技术的基本途径。学生必须以主动积极的态度投入练习的实践当中，才能取得理想的训练效果。学生参加练习不是肌肉简单的机械运动，因此练习中和练习前后要动脑筋，积极思维，主动地投入"体验""想象"和"回忆"的过程之中。

体验：要求学生在练习过程中凭自己的感觉，利用异同对比、前后对比、正误对比、共性与个性对比、适应与不适应对比去"体会"动作的要领与方法，自我分析、自我判断哪些是正确的，哪些是错误的，从中找出最佳的练习方法，达到理想的练习效果。

想象：在练习之前通过对技术要领方法的想象，在大脑皮层中留下技术"痕迹"，然后在练习中把这些痕迹激活，可使动作完成得更正确、顺利。想象要与各种感觉相结合，即在对技术动作想象的同时，同步地与各种感觉肌肉用力感、空间感、方向感、平衡感、速度感等结合起来，把头脑中的想象变成运动器官的"活动"。

回忆：在练习之后对刚才的练习进行技术"回忆"。假如在练习中正确地完成了技术练习，通过回忆可使其在脑海里再现刚才练习的全过程，使这一正确动作在脑海里更加巩固；假如在刚才的练习中技术动作完成得不理想或失误了，通过回忆并伴随对错误动作的"纠正"，与正确的技术进行对比，可以使其得到"克服"，避免下次练习再出现错误。这样的活动也要与肌肉运动同步进行。练习之后的回忆要马上进行，最好能在0.5秒之内。

**（二）教师在技术训练中的指导作用**

在技术训练中，教师对学生来说是技术信息的输入者，学生技术的获得离不开教师的正确指导。

深入了解学生的具体情况，了解他们投入某一技术训练已具备的条件，还缺少哪些条件，对缺少的条件应采取措施予以弥补，迅速建立起技术训练的背景条件。

在技术训练开始时，教师要正确地使用讲解、示范等方法向学生交代清楚技术的要领方法、完成顺序、技术重点、要求标准，使其对技术概念有一个比较清楚的认识，教师所储存的技术信息不等于都是所要传递的信息，把技术信息变成传递信息需要教师整理加工和优选，也就是要根据学生的个体特点、训练条件、技术特征等合理地安排训练步骤，选择合适的教学训练方法，提出恰如其分的要求，要做到这一点，需要教师有较为丰富的教学训练经验。

细致观察，及时发现问题，给予有利的指导。在技术训练中，教师应做到眼勤、嘴勤、手勤，对正确的加以肯定，对错误的要及时发现，并给予有效的指导。以30米行进间跑为例，说明在练习过程中，教师向学生传递指导信息的三种方式。第一种，在练习进行中，教师向学生传递同步信息，如用口头提示、击掌、哨声、手势等指导学生练习。同步信息的传递对于那些练习时间较长的练习起的作用更大，它可及时指导学生合理控制自己的动作，使技术更合理。第二种，快速信息的传递。即在学生完成某一个技术动作之后，教师马上予以指导，这一活动最好在25秒之内进行，因为在练习后25秒之内，学生对刚才练习的记忆还可保存70%～80%，如果超过25秒，其记忆将迅速下降，会大大影响指导的效果。第三种，滞后信息的传递。这是在训练课结束以后，教师对课上所采集到的反馈信息经过整理加工并进行分析判断，再给学生以分析的指导，有时是在上下一节训练课时才指出来。

不管使用哪种方式进行指导，都要经过观察发现问题、找出存在原因、提出解决办法、执行办法、检查执行结果、巩固成果等几个步骤。即使是使用同步信息指导学生训练也是如此，有经验的教师会预料到某一个短时间出现的问题，凭他们所积累的丰富经验，能及时向学生提出要求，予以指导。而没有经验的教师是难以给学生以同步信息指导的。

对不同水平的学生予以不同的技术指导，训练水平低者，由于他们对环境信息加工能力差，所以只能在有利的条件下才能完成技术动作。而训练水平高的学生，由于他们对环境加工的能力强，在完成技术动作的同时，还能对环境进行观察分析，能在困难的条件下完成技术动作。

对训练水平低者多应在封闭条件下训练，而对训练水平高者则可采用加大难度和在有对手干扰的情况下进行训练。对训练水平低者可先要求他们掌握动作的基本结构，对动作细节不做过多要求，使其粗略地掌握；而对训练水平高者不仅要求他们掌握技术的基本结构，更重要的是在技术细节上提出更严格的要求。

对训练水平低者以掌握技术空间特征为主，要求他们在动作轨迹、方向上努力完成技术训练要求，而对训练水平高者则在技术时间因素上要求他们快速、准确地完成技术练习，以适应比赛的节奏。

从技术训练信息获得的途径上，训练水平低者由于分化能力差，他们是以教师的讲解、示范作为技术信息获得的主要途径；而训练水平高者时常是用他们自身的感觉、体会等内部信息去自我控制、自我调整。

技术训练必须根据训练的不同对象，提出不同的要求，采用不同的训练方法，予以不同的指导，使技术训练有的放矢地进行。

教师的技术指导应有利于学生建立良好的心理状态。运动心理状态对技术训练效果影响很大，学生心理状态良好，情绪高涨，进步就快，技术掌握得就好；相反，学生心里胆怯害怕，不感兴趣，训练效果就差。训练中教师的一言一行、一举一动都应考虑到对学生心理的影响，使学生建立良好的心理状态。良好的心理状态表现为感觉良好、渴望训练、情绪高涨、精力充沛、心情愉快、注意力集中、充满信心、自制力强。

第六章

# 初中学生的球类运动训练

# 第一节　篮球运动训练

## 一、篮球的比赛基础

### （一）接球

接球是下一次传球的准备动作。接球技术取决于学生的位置、与对方学生接近的程度和接球后要做什么样的进攻动作三个方面。

**1. 利用假动作做普通传球之前的接球动作**

（1）双手接球

接球时要保持放松，向球迎去，手臂应该向前伸出，肘部向内至齐胸高度，一脚前出。手指分开，球最初应该先碰到手指的末端，然后用手指握住球并用靠近指根的手掌部分贴紧球。任何时候都不可以用掌根部分（靠近手腕部分）接球。接球时用手臂向身体方向收缩的动作来减弱球飞行的速度和撞击的力量。手指要伸向球飞来的方向：接高球时手指伸向上方；接低球时手指伸向下方；接侧面飞来的球时手指伸向球飞来的那一侧。

（2）单手接球

采用这种接球方法，要伸出一只脚并将身体重心向前移，手掌成勺形，伸出头前或胸前20~25厘米。手指分开放松，这样就会减弱球撞击的力量，同时做收肩和上体向后转动的动作。接球的最后阶段，球应该位于身体的垂直线后面5~15厘米。

**2. 接球技术的基本要领**

第一，等待传来的球时要抬起头，伸直脊背，并且分开的双腿要稍微弯曲，身体重心均放在双脚的前脚掌上。双手放在齐腰高度，准备接球，但要放松，保持这种姿势就可以迅速地向任何方向启动。第二，发展向自己前方注视时的外围视力。力求不转动头颈而觉察到旁边的情况。第三，要迎向球，并且力求在接到球以前眼睛不离开球，当必须引诱对方注意力时除外。第四，接球时保持脚不离地，而身体处于放松状态。第五，接球时要控制球的速度，并且利用它把球导向传球的开始位置。第六，接球时最初用手指末端接触，并且缓冲传球的力量。

**（二）传球**

传球的方法要根据接球学生的位置，也要根据接球学生在接球后身体和手臂的姿势来选择。

**1. 双手传球**

双手胸前传球的方法可以在球场上任何地点使用，但主要是在短传、速传和准确地传球时采用。这种传球动作在篮球运动中是经常使用的。

做双手传球动作时必须身体稍微前倾，将球持于齐胸高度。手指分开，从球的后侧方握住它，两肘稍微弯曲，但勿紧张。传球动作是以伸直手臂和手腕、手指的同时动作以及用任何一只脚向前跨出一步来实现的。身体应该随着传球动作向前去。球飞行的方向是由手指末端决定的。

**（1）双手胸前击地传球**

这种传球方法可以在球场上任何地点使用，特别适于在向中间传球或在企图越过防守时进行传球使用。这种传球是胸前传球的变形，其传球技术与胸前传球相似。经常是以向前下方完全伸直手臂来进行，并以手指、手腕的动作来结束，同时向前迈出一步。球是从腰部或者再低一些的高度传出去的，也是在处于屈体姿势和身体保持平衡之时传出去的。

为了判断球击在球场上什么地方较好以及是否需要使球旋转，就需要估计对方的防守位置和分布情况。如果同伴需要接齐腰高度的球，那么最好传不旋转的球——球在距离同伴1.2~1.5米处碰地。有时候有必要利用使球旋转的击地传球，这通常是当对方防守有可能阻挠或必须传长传球时，而且球要击在靠近同伴处，这时应该利用前旋转的传球（从上向前旋转）。反旋转的传球（从上向后）是当需要迅速传球，同时又要使同伴容易接住时使用。这时球在击地以前飞行速度很快，对方防守截断这种传球是很困难的，而球在击地反弹以后的速度就减缓了，接这种传球也就不难了。向前旋转的击地传球动作与一般的双手胸前击地传球差不多，手腕转向上方，传球动作是由手臂和手腕同时用力向前下方推出的动作来实现的。这时，球首先离开小指，最后离开食指，球传出去时，手指应该差不多伸向直下方。

反旋转传球是在传球之前手腕轻微向上旋转，然后是手腕和手指加强推送力量的一种传球方法。这时，球最初离开小指，最后加强推力的是拇指。正确地进行这种传球时，在传球最后阶段手掌应该转向前下方，向着球碰地的方向。

（2）双手从侧后方传球（从左面或右面）

这种传球方法在不要求特别准确或迅速的情况下使用，多半是在边缘处转身后传球时使用。手指分开，从侧后方持球，身体稍微向右侧弯曲，球位于右耳附近。这种传球是由肘部伸直、双手向下向前伸出，以手腕的动作进行的，同时左脚向前迈出一步。这种传球可以从任何一侧进行。如果球在右肩上方，应该迈出左脚；如果球在左肩上方，就迈出右脚。

（3）双手头上传球

这种传球常常是在高个学生传球给矮个学生或者当接到高球以后必须做回传球时使用的。球持在头部上方稍微偏后的位置，手指从侧后方持球，肘关节稍微弯曲。传球是由双手向前并稍向下方的推送动作来完成的，同时用任何一只脚向前迈出一步。做这个动作的同时，身体稍微向前倾，并将身体重心移到前脚上，以手臂的动作加强手指与手腕的动作力量。在传高球或短促的球时，肘部不可以弯曲。在这种情况下，传球是由手腕和手指的动作来完成的，身体用的力量不太大。

（4）双手低手传球（从右侧或左侧）

这种传球常常在边线附近转身以后使用，并且便于切进的同伴接球。从右侧进行传球时，双手五指分开从后侧方持球，然后将球向后引至右腿旁边，左脚向前迈出，右肘提向后外方。左肘弯曲成直角，手背触及大腿。向后引球，同时将身体重心移到后脚上。传球时手腕做急速的动作，手臂伸直，同时身体向前"钻"去，左脚跨出不大的一步，身体重心移至前脚上。这种传球可以从右侧进行，也可以从左侧进行。

（5）双手传球——"送球"

这种传球最经常使用的情况是当许多学生聚集在狭小的地方或在跑"8"字时采用，这种传球也在从中间地区做隐蔽传球时采用。从中间地区做隐蔽传球时，身体要挺直一些，站在原地不要向前迈步。手指分开，从下面握住球。

传球时，用手指末端压迫球并用手掌将球送出去。当球送出去时，手掌向上翻转，手指握成拳。双腿弯曲，身体稍微前倾，随着传球动作用任何一只脚向前跨出一步，并将身体重心移到前脚上。

（6）双手沿地传球（滑滚）

这种传球很少见到，只有当学生被紧紧地看守住，而且没有可能利用其他方法传球时使用。开始传球时，身体要尽力前倾，头部伸直，直背，双膝弯曲，一只脚伸向侧前方。手指分开从后面和侧面握住球，将球持在两腿之间，位于膝部稍下方。利用手腕的急速动作传球，同时将身体重心移至前脚上。

**2. 单手传球**

（1）单手肩上传球

这种传球方法可以在球场内任何位置使用，它是当学生必须利用长距离或中距离传球给无人看守的同伴时使用的。在快攻开始时用这种方法传球特别好。

传球的开始姿势：两脚分开，身体重心平均放在两只脚上，两手握球。然后将球引至头后齐耳高度，右手掌和分开的手指持在球的后面，左手扶着球（护球）。在向右后方引球的同时，身体也转向这一侧，身体重心移至后面的右脚上。左手在传球之前离开球，身体重心移至左脚，用身体、手臂、手腕和手指的同时加强动作进行传球，并要护送传球动作。传球的远度和速度取决于传球的距离和护送时间的长短。

（2）单手击地传球

这是在面对紧迫防守或积极地防守对方学生时最好的传球方法。用来对付分区联防有很好的效果。传这种球时，手应该在球的后面向前下方球将击地的方向。球一般击在离接球学生1～1.5米处，个别情况下可以改变距离。

（3）单手低手传球

这种传球一般是在进攻区内传球给切进的学生或做隐蔽传球时使用。用右手做这种传球时，右手掌从后面握住球，手指分开，左手从前面扶住球，身体前倾，左脚向前迈出，然后将球引至右大腿旁。传球时右臂完全伸直，转体，身体重心从后面的支撑脚上移至向前伸出的一只脚上。正确地完成传球动作时，手掌应该向上翻转，手指伸向传球的方向。

（4）单手沿地传球

这种传球方法用来对付由高大学生组成的球队很有效。利用这种传球可以越过对方防守学生，也可以用来向中间传球。传球的开始姿势与单手低手传球差不多，但是在做这种传球时，身体要更弯曲，膝部深屈，而球则差不多是不向后引的。传球是由手腕和手指的加强动作来完成的。球向前下方送出。

（5）勾手传球

这种传球常常是当防守学生在抢获了篮板球以后开始进行快攻时使用的，在进攻区内则是当跑到场角以后回传时使用的。传球可以在原地进行，也可以在行进间进行，然而在任何情况下，传球之前都要迈步或运球。学生身体左侧向着准备传球的方向，左脚向侧前方跨出一步的同时向上起跳，力求从防守学生的头上传球。在跳起的最高点，用完全甩直手臂的大动作将球从侧面经过头上传给同伴。最后用手腕的加强动作将球送出去。学生在跳到空中时，身体要转向传球的方向。手指尽量扶持着球，身体重心完全向前移去。做短距离的传球时只是加强手指和手腕的力量，臂部几乎没有动作。

（6）半勾手传球

这种传球经常是传球给中锋时使用的。使用这种传球，最重要的是头部和肩部首先向企图传球的相反方向做假动作，因为球经常要从防守学生垂弛着的肩上越过去。开始传球的姿势是两腿分开并稍微弯曲，双手伸出于身前持球。若要向右侧传球，就要向左侧做头和肩的假动作，然后将球移至右手。用分开的手指和手掌持球，将球向上举起，然而要低于勾手传球的高度，将球从防守学生的左肩上传过去。传球的动作基本上是依靠手腕和手指的加强力量进行的。传球动作要与身体重心移向左脚的动作相协调。

（7）单手传球——拍球

这是在没有足够的时间用一般的方法接球和传球时所采用的一种短传球方法，在抢夺篮板球时（无论是进攻中或是防守中）经常使用。在学习这种传球方法时，不可能有精确的方案。球员可以跳起传球，也可以在原地传球。球飞行的方向取决于手指尖端的动作，这时不要击球，而要用手腕和手指推球。

（8）利用假动作的单手传球

这种传球只与一种接球方法相配合使用，特别是在对手采用紧迫人盯人防守时更有效。持球的一只手模仿向左传球那样将球引向侧旁，然后护送球的手不加力于球，用手腕和手指向右转动将球传出去。为了局部地甩脱对手的看守，传球之前要向相反方向跨出一小步。传这种球时要利用防守学生不正确的防守姿势来判断从哪一侧传球。

### 3. 传球技术的基本要领

第一，接球应该被认为是传球的准备，利用同一动作学习接球与传球。第二，动作的进行不要减缓，因为一减缓就会暴露原来的意图。假动作和较快的速度会增加正确传球的机会。第三，传球的速度和方法取决于比赛情况。力求传球动作迅速和准确，而不要追求传球的力量和球行的速度。如果比赛情况刚好不要求传低球、传击地球或传越过防守学生头顶的高球时，那么所有的球都要传到接球学生的腰部高度，不要高过头部。第四，传球时要保持沉着，身体肌肉放松，要善于在比赛的每一时刻选择最好的传球方法。第五，所有的单手传球（有几种从中间位置传球例外），在传球的同时把相反方向的一只脚向前跨出。第六，传球只传给处在便于接球位置的学生，在相反的情形下，就应在传球之前做假动作，以便同伴摆脱看守。第七，在传球给跑动着的学生时，要考虑到他跑动的速度。第八，如果防守学生看守持球学生很紧，那么从他旁侧传球是很容易实现的。传球的方法和方向在相当程度上取决于防守学生的身高与他的位置、姿势。第九，传球给同伴时都要将球传向离防守学生较远的那一侧或那只手。传球给中锋时，要利用低传球和击地传球。第十，在对方篮下要避免横传球，只在有充分把握时才可以使用。第十一，发展手腕和手指的技术与力量，要同等重视用右手和用左手进行传球的练习。

### （三）投篮

虽然传球是篮球运动的基本要素，但是比赛的结果主要取决于准确地投篮。因此，学生要经常性地练习投篮。在训练时要特别注意：正确的立定姿势，保持身体平衡，肌肉完全放松，用手指末端控制球。为了命中良好，必须不断地进行练习，练习状态要接近比赛情况。学生在进行练习时，把球传给同伴，应设法用各种办法阻挠同伴投篮。投篮不要迟缓，要特别注意肌肉的完全放松，并要善于将全部注意力集中在篮圈上。在训练中必须首先进行近距离投篮，然后逐渐增加距离。

### 1. 单手投篮

（1）单手跳起投篮

这种投篮方法在比赛中经常见到，并且如果进行得正确，要想成功防守是很困难的。这种投篮经常是在运球以后、急停以后或从距篮圈3~6米的中间地区投篮时采用的。为了使投篮能够有良好的效果，球必须在防守学生采取对策之前投出去。跳跃需要跳到尽可能的高度，跳跃的方向是向上和离开防守学生的方向。持球的手臂要完全伸直，球持在手掌上（手腕向后翻转），手指分开，用指尖从后面控制着球，手掌向着篮圈。在跳起的最高点，用急剧的屈腕动作和手指向前的动作将球送出去，球要用中间的三个指头运送到出手的最后一瞬间。要根据学生的位置、距对方的距离和对方的配置情况，决定用右手或左手投篮。

（2）篮下单手投篮

这种投篮方法是在抢到篮板球以后或当面向篮板在篮下接到球时采用的。在抢到篮板球后，若要使用右手投篮，就要用左脚向右跨出一步，使左脚跨在右脚前面（交叉步），身体重心移到左脚，然后在左脚蹬地的同时转身向着球篮。这时，最初是用双手持球，右手手掌和分开的手指从后面持球，左手从前下方稍扶持球。这时候，球要举到头部高度或再高些。在左脚蹬地的同时，身体转向球篮，右手完全伸直，用手腕和手指进行投篮。手指末端是与球的最后接触点。眼睛在投篮时要看着篮板的瞄准点，并且使投出的球正好在开始下落时击中篮板的瞄准点。瞄准点要根据投篮的角度、球飞行的速度以及篮板与球的弹性而定。

（3）行进中篮下单手投篮

这种投篮方法是在切进到篮下时接到了球或在运球之后离篮很近时采用的。运球后投篮时，球向地上的最后一弹要用力，以便球反弹到足够的高度并要使球弹向篮圈方向。用右手运球和投篮时，要用左脚支撑身体，这样不仅可以用身体帮助遮掩球不被防守学生抢去，而且可促使身体右侧的肌肉放松。运球后接球时，左手从下面稍靠前方抓住球，右手从上面抓住，手腕稍向后弯。这时球要举至头部高度或稍高一些的位置，然后护持着球的左手放开球，右臂完全伸直，用手腕的加强力量将球向篮板上的瞄准点处推送。手掌向着篮板，手指末端是控制球和接触球的最后点。投篮的瞬间，视线应集中于瞄准点。投这种球时，球不宜旋转。在跳起的瞬间应该随着投篮动作保持放松姿势，投篮时身体向篮圈方向自然转动。投篮以后落地时要屈体下蹲，准备争夺篮板球。

用左手投篮时要用右脚支撑身体。切进投篮的最好方向是45°角。在任何情况下，从右侧切进篮下投篮时，都要用右手投篮；从中间向篮下切进时，可以用任何一只手投篮。

（4）转身单手投篮

这种投篮方法是处在中间位置或在行进间时采用的。如果沿球场对角线或横线做行进间投篮，在投篮之前稍微降低行进速度或变换方向，就会提高投篮的命中率。当学生背向篮圈站在中间地区接到球时，经常采用快速投篮的方法进行投篮。

理想的转身投篮是，学生应该在投篮之前利用头部、肩部和球做假动作。转身投篮开始时，用双手持球，身体前倾，双膝弯曲。准备投篮时，身体重心平均分布于双脚，投篮时就要移到支撑脚上。

**2. 双手投篮**

（1）双手胸前投篮

这种投篮方法在站定时使用。投篮之前，学生要感到自己的身体很舒适、自然，肌肉应该是放松的。某些学生在定位投篮时双脚并立或者两只脚平行站着；另一些学生则向前伸出一脚。一般来说，一脚向前伸出的站法较好（但是许可个人习惯），这样的站法可以保证学生身体处于舒适和自然的姿势，身体能保持平衡，肌肉能放松。学生在接球以后可以马上进行投篮、运球或传球。身体重心平均落在双脚上，身体稍向前倾，肌肉放松，双膝稍弯曲，大腿稍微下降，脊背伸直，头抬起，视线集中于篮圈前沿，如果投碰板球，就要将视线集中于篮板上的一点。球一般持在胸前齐胸高度，手臂肌肉完全放松，肘臂不要紧张，应贴近身体。分开的手指从后面持住球。

为了进行投篮，双膝要更加弯曲，手腕向自己方向翻转。在手臂伸直向上举球的同时，双膝伸直，身体直立。用手指末端将球推举到眼睛的高度，用拇指将球向前上方推出去，投篮最后阶段手掌向前上方翻转。双手在投出球以后要护送球，充分地完成向上的动作。眼睛从投篮到护送完毕，都应该看着瞄准点。

（2）双手头上投篮

使用这种投篮方法的有效距离，根据投篮学生的手指、手腕的力量而定。一般在近距离或中距离为了快速投篮而传高传球时采用这种投篮方法，同样，身高较高的进攻学生在比赛中碰到较矮的防守学生时也采用这种方法。这种投篮也在被对方学生守住而没有可能利用其他方法投篮时采用。

投篮开始时，一脚前出，双膝稍微弯曲，身体保持直立，球放在头上，肘臂稍弯曲，大拇指在球的下面，分开的手指从侧后方持住球。投篮时手臂和膝部要伸直。学生用足尖站立，身体重心前移。球用手指、手腕的加强力量和拇指向前上方推送出去。投篮时要注意看着篮圈。

（3）双手低手转身投篮

这种投篮方法常常是与从中间位置转身单手投篮一样来使用的。学生为了投篮，要站在分位线上。双脚分开同肩宽，两脚掌互相平行，身体稍微弯曲，双膝稍屈，身体重心平均分布在两脚上，手指从侧后方持球。

投篮是通过很快地向罚球区另一侧进行转身来完成的。在投篮之前，经常用头、肩或球做假动作。学生开始投篮时，是在篮板的左侧（学生背向篮圈，这时篮圈在他的右侧），要用左脚向左侧跨出一步。这个跨步动作应该是与篮板平行着跨或向篮板方向跨，任何情况下都不要向离开篮圈的方向跨。身体重心很快地移到左边的起跳脚上，身体稍微弯曲，继续向投篮方向转身。旋转动作要用支撑脚的前脚掌来做。球向左移举，然后用手臂快速向前向上的动作将球举向篮圈方向；投篮动作由急速的手腕动作来完成，转身后跳起来。球用双手低手传球的方法投出去，送出球时要使它反旋转（从上向后），这要用手腕的动作来做，而且球开始是先离开拇指和食指，最后球旋转时小指离开球，这种投篮经常在篮板附近采用。头和身体在投篮时及投篮后要朝向篮圈，手臂伴随投篮动作。在投篮结束阶段，手腕向上，手掌向内。

**3. 投篮技术的基本要领**

第一，要用手指末端控制球。投篮时要采用中等高度的抛物线，在任何情况下投篮时都要用身体和手臂运球。第二，单手投篮时，永远要用异侧脚做支撑足。第三，投空心篮时，视线要集中在篮圈的最近边缘；投碰板球时，视线应该朝向篮板上的瞄准点。第四，投篮时要做到肌肉放松。双膝和身体的稍微弯曲、肩和臂的自然姿势，都可以让球员放松。第五，投篮时要看着篮圈。任何时候都不要做急促的投篮动作。第六，只有在没有可能运球到距离投篮较近的位置或没有可能传球给处于便于投篮位置的同伴时，才利用远距离投篮的方法。第七，设法做到或是持球切进篮下投篮，或是定位投篮。要避免在身体没有平衡时投篮，也要避免过快、过早投篮。第八，应研究从各种不同距离利用各种不同的方法投篮命中的可能性。如果这种或另一种投篮方法有很高的命中率，那么即使这种方法看上去很复杂，学生也要在比赛中采用它。第九，学生在一场比赛里如果投篮投得顺，就应该经常投篮。第十，少量地滥用投篮要比不投篮和少投篮好些。第十一，要学会用两只手投篮，因为这会提高投篮的命中率。

### （四）运球

运球在篮球运动中占据着重要的地位，它也是个人技巧的一种表现形式。所以学生必须注意，不要因迷恋运球而破坏全队的战术，特别是在利用快攻时不要因运球而失去快攻的机会。合理地利用运球不仅会让比赛更加精彩，并且会给完成投篮创造适宜的形势。但是必须预先告诉学生们，不要把运球变成经常的习惯，特别要避免在传球之前拍一下球的现象，存在这种缺点会导致球员完全丧失快攻的机会，并且在对方防守时会使持球学生的处境大大恶化，特别是当难以把球传给同伴的时候。建议在下列情况下利用运球：第一，在自己篮下抢到篮板球以后，或在开始快攻的一些情况下进行运球。第二，到对方篮下去的通路开敞时，并且进攻学生可以自由地切进篮下时进行运球。第三，当必须长时间控制球而不投篮时进行运球。能够很好地掌握运球技术的学生，会促使本队获得成功。第四，当利用"8"字进攻和在各种配合中，必须做到与同伴的动作很好地联系起来时使用运球。

运球与假动作结合起来就有可能越过防守学生，向篮下切进。运球可以作为假动作来使用。运球和传球同是将球向对方篮下推进的方法。

### 1. 运球技术

根据规则，运球可以用各种方法来实现：用右手、左手和双手交换运球。学生应该学会所有的运球方法，并要善于在一定情况下采用最恰当的方法。运球的方法根据运球学生希望达到的推进速度，以及在球场上的位置、身体长度和防守学生的位置等来决定。

学生运球的开始姿势是站立，左脚向前伸出，左手在球的下面，右手的手指从后上方持球。在这种姿势中，双膝弯曲，大腿下降，身体前倾，身体重心前移。用右手运球时，手指稍微分开，用手腕的轻微动作使手指从球的上面推动球。运球时，球要保持在右脚的前方或者稍微偏右一些的位置。运球要保持在一个水平线上。肌肉要放松，身体保持平衡，稍向前倾，双膝弯曲，脊背伸直，头部抬起，直视前方。球反弹回来要到腰部高度。学生在向前推进时，应该力求做到同时能看到球和场地。

如果必须高速度推进（如快攻时），就采用高运球。低运球是在进攻区内利用"8"字、三角等方法进攻时，以及过人时采用的，低运球同样也在所谓保护性运球的情况下采用。这时，学生的身体在防守学生和球之间，空着的那只手臂弯曲，这只手一旦和防守学生有微小的接触，就应做急停、转身或变换动作方向。

**2. 运球技术的基本要领**

第一，练习运球时要学会向前看着场地，用视线的余光来控制球。第二，在进攻的前半场运球过人时要记住，在小块场地上集聚了许多学生，视界是有限的，因此应该利用低运球。第三，无论任何时候都要用离防守学生较远的那只手运球。第四，为了使运球更为有效，要改变运球的速度和方向。第五，无论何时都要尽可能快地运球，不要失去对球的控制力。第六，运球过人最好的方法就是，运着球直向敌方去，最后瞬间急剧改变速度和方向，从右侧或左侧突进过去。刚一绕过防守学生，就应该重新改变运球方向。要把防守学生留在背后，不要和他平行前进。第七，不要每次接球时都运球，而要把它作为经常的威胁储存着。第八，用手指控制球，使肌肉放松，身体保持平衡。第九，绕越防守学生切进篮下投篮时，拍第一下球和迈步要比一般情况下远一些（比一般的步子长一半多）。

**（五）进攻战术**

解决球队采用何种进攻战术最合理的问题，要取决于球队的成员和球队的经验。由身材高大、动作缓慢的学生所组成的球队和由身材矮小、动作迅速的学生所组成的球队，是不能采用同一种战术的。

训练良好的球队，在每次比赛中经常改变自己的战术，利用对方的弱点取得优势。若在比赛前已经观察到对方球队中有一个或几个较弱的学生，那么就应通过他们所看守的进攻学生展开攻击。

由于防守战术日趋完善，所以成功的进攻就不仅应该是善于由篮下投篮结束攻击，也应该是善于从较远的地方投篮结束攻击。

技术是进攻战术成败的基础。篮球是一种集体项目，集体的进攻行动是由数名学生的个人行动所组成的。必须根据学生的素质来组织战术，但不能以个人行动代替集体行动和在组织球队战术时完全运用学生的个人行动。

全队的进攻应该基于朴实而有效果的战术系统和配合之上，这些配合与系统应该能够充分发挥学生的个人素质。

灵活的进攻战术应该是能够迫使对方运用对于自己来说是最不成功的防守方法。

由于进攻战术与防守战术是互相紧密联系着的，所以在选择进攻战术时，也必须注意到转入进攻最迅速的防守系统。例如，分区联防就是转入快攻最好的开始位置。

篮球已经由以前的那种由两个后卫、两个前锋和一个中锋进行活动的项目变成一种由五个进攻学生或五个防守学生进行活动的项目了。以前在前锋与后卫之间存在的那种明显的差别现在已经消失了。每个学生无论是在防守方面还是在进攻方面，都应该善于出色地完成任务。任何学生在掌握球以后都应该设法威胁对方的球篮。失球以后，所有学生都应该良好地完成防守任务。

如果在进攻中或在防守中有一个弱学生，那么这支球队企图经常取得胜利是不可能的。

现在对篮球运动提出的要求较高，每个学生都应该完成，在进攻和防守中充分发挥自己的能力。应该把冲刺好和运球出色的学生安置在第一线，让他们运用自己的能力快速断球和迅速地由防守转入进攻。无论防守或进攻，都必须把身材高大的学生布置在篮下，这样在争夺篮板球方面会对自己的球队有利；无论进攻分区联防或进攻人盯人防守，中锋都应该善于掌握球，善于以掩护和传球为同伴创造攻击的条件，能用右手和左手投篮以及出色地抢篮板球。最好由身材高大的学生充当中锋。身材比较矮小的学生除了抢夺篮板球以外，若防守者身材不比他高，那么他还能够出色地完成中锋的职责。第二梯队的进攻学生应该出色地投远篮，出色地掌握球和善于在失球的情况下迅速地由进攻转为防守。靠近边线和场角的学生应该善于原地投远篮，应该巧妙地把假动作与切入结合起来，并且会用任何一只手出色地投篮。进攻战术要求正确地分配投篮时学生的职责。应预先规定好，投篮时谁去争夺篮板球和谁退回防守。投篮以后，每一个学生都应完成一项职责，或是去抢球，或是退回防守。在运用人盯人防守的情况下，在对方篮下去抢篮板球的是前锋与中锋，在本方篮下去抢篮板球的是后卫与中锋。这个实践表明，通常前锋分布在前面，后卫分布在后面。

中锋通常算进攻学生，但其可在本方和在对方篮下抢篮板球。

目前，由于防守和进攻系统的多种多样，球队也运用了许多分配学生争夺篮板球的方法。在分区联防条件下，争夺篮板球的责任落在了位于篮下的学生身上。无论进攻或防守，在一些情况下，都是危险区域内（从球篮至罚球圈的近端和场角）的学生去抢篮板球。

进攻战术最终的成败取决于适应学生水平的程度，反过来说，只有在战术系统适应学生水平的条件下，学生才能够顺利地表现出自己的才能。选择好战术和在学生中间分配了职责以后，在训练中应该特别注意该战术中所运用的进攻与防守的技术动作。许多球队与教练员犯了同一种错误，他们在训练中改进各种战术系统、方法和配合的时间过多，改进传球与投篮的时间过少。每个学生良好地掌握传球与投篮技术是很重要的，因为善于投篮的球队才能取得胜利，但是投篮只有在准确进行传球的条件下才是可能的。掌握良好传球技术的球队，常常是即使与实力悬殊的球队交锋，也没有输很多的分数，"把球拿稳是最好的防守"这句谚语到现在仍然有效。

改进技术与战术所采用的方法和工作范围，应该根据学生的年龄与经验，应该适合于学生的水平。

准备时期不应仅仅理解为进行身体训练使学生身体达到良好状况的时期，在这一时期内也应学习和改进比赛的技术与战术基础。

### （六）防守战术

对于一个球队来说，良好的防守就像良好的进攻一样重要。在两个实力相当的球队的比赛中，一个球队着重进攻，另一个球队着重防守，在这种情况下通常是后者获胜。良好的球队应该在每次比赛中善于正确地组织防守。在比赛过程中，进攻与防守之间会展开不断的搏斗。任何一个进攻战术方法，有时会遇到抵制它最为有效和与其相适应的防守方法，有时则相反。因此首先必须确定对方的进攻性质，然后再正确地组织防守。

没有一种全能的在所有情况下都能收到理想效果的防守系统或进攻系统，因此许多球队都掌握着各种不同的进攻系统与防守系统。

根据预先侦察的结果选用有效防守方法的球队，在比赛中常常占有很大的优势。

人盯人防守是最万能和最灵活的防守系统，其价值不仅在于它在比赛中被普遍运用，而且在于它在训练过程中能发展学生的素质，如灵敏、信心、创造性等。

现在的篮球基本上只运用两种防守系统：人盯人与分区联防。这两种系统自产生以来有了很大的改变。最初的人盯人防守是全场紧迫的形式，而后在一段很长的时期内它的形式是预先退回防区，近年来它又重新具有紧迫的性质。在分区联防中，以前那种静止、不是很灵活的学生部署已被如今的既灵活且活动性很大的系统所代替了。

以这两种系统为基础产生了第三种系统——混合防守系统。它利用了上述两种进攻系统中的全部优点，是清除进攻威胁的良好典范。

## 二、教学技术和战术方法时所用的练习

### （一）传球技术练习

#### 1. 三角传球

练习用各种方法接球、传球。练习者分成若干小组，每组三人。每组站成三角形，相互距离5米。每组用各种方法传球，首先从双手胸前传球开始。根据教师的信号改变传球方法。

#### 2. 缩短与加长距离的传球

准备活动的练习。练习由三人进行。准备姿势：1号与2号距离0.5米，用双手胸前传球。1号逐渐后退，加大两人之间的距离，但不得超过15米。然后两人再向前移动，缩短两人之间的距离至原来的一半。之后1号和3号、2号和3号分别做这个练习。在每一个新的距离上都练习几次传球，近距离用手指传球和接球，但是随着距离的加大，手腕、两臂及上体都要用力。

#### 3. 迎面传球

流水作业式地进行练习。学生排成两路纵队，每队五人，迎面站在一条线上，两排头间的距离约5米。甲队的排头开始向对面的排头传球，后者迎球跑出。学生始终是迎面跑动，传球以后，跑至对面队伍的队尾。禁止运球。

#### 4. 两人传球

改进传球的练习。练习者平均分成两个小组，迎面站立，互相距离6～8米。每对学生持一球，用各种方法进行传球，根据信号改变传球方法。小组间的距离也可以改变。学生互相转身以体侧向着对方，然后勾手传球。

（二）投篮技术练习

### 1. "投10个球"

篮下跳起投篮：三人一组进行练习。每三人持一个球。学生轮流用右手和左手从篮板的右面与左面进行投篮。每人投过10次篮以后练习结束。球员必须注意正确起跳和运用碰板投篮。

### 2. 跨步投篮

改进单手不运球的投篮：三人一组进行练习，每组一个球。学生在篮板的右侧与篮板成45°角站成一路纵队，排头持球。学生两手握球，左脚向前跨一大步，跳起用右手投篮，然后接住落下来的球，并将它传给下一个学生后跑至队尾。右侧练习完毕后转移至篮板左侧进行练习。

### 3. 托球入篮

将学生分成若干小组，每组持一个球。球从篮板反弹回来以后学生应跳起，用手指将球托入篮圈。必须在跳起的最高点触球。

### 4. 投篮、传球及防守动作

五人一组进行练习。学生距球篮6～7米，站成一个半圆形。站在左面的第一人开始投篮，然后跑去抢篮板球，并将球传给自己右边的同伴，之后立刻向他扑去，向上伸出手臂或利用其他方法阻挠他投篮。每个学生都依照这种方式进行活动，然后回到原来的位置上。

### 5. 原地投篮

三人一组进行练习，每组持一个球。学生站在距球篮6～7米的地方，依次用各种方法进行投篮。每个学生投完篮以后，抢自己的球，并将它传给同伴，然后站在本队的队尾。投篮的时间不限制，但每次必须正确地投篮。

### 6. "21分"

原地投篮的练习：三人或五人一组进行练习。每个篮下站三组学生。学生距离球篮6～7米。每人用一种方法投两次篮：一次在上述位置上投篮，另一次在抢到篮板球的位置上投篮。第一次投中算2分，第二次投中算1分。最先投中21分的小组获胜。每次投篮时禁止阻挠。

学生投完第二次篮之后抢篮板球，将球传给同伴，然后回到自己的小组。

（三）运球技术练习

**1. 三人运球**

练习者1至3报数。数1的学生散开站在一条边线上，间隔相等；数2的学生站在中间；数3的学生站在另一条边线上。所有数2的学生开始向数3的学生运球，用右手或左手传球给他。如果数2的学生是用右手运球和传球，则传球后从左面转过来站在数3的学生的位置上（用左手运球和传球时则相反）。数3的学生向数1的学生运球，传球给数1的学生后站在他的位置上。运球的方法根据教练的口令而改变。教练应当偶尔站在某人的前面，观察他在运球时是否看着前面。

**2. 运球和投篮**

快速运球的实践：五人一组，共六组，每组一个球。学生分布在球场中央，每组一个球篮。根据哨音，各组的1号开始运球，然后投篮，一定要投中。投中以后将球传给同伴，后者依次运球投篮。首先结束练习的小组为优胜。运球和投篮的方法以及用右手还是用左手运球，需在练习开始前商定。

（四）急停和转身练习

改进跨步急停和反转身：三人或五人一组，站在边线上，面向球场，各组间的间隔为2～2.5米。各组的1号持球。根据信号，1号开始快速运球，运至球场中央时突然跨步急停，然后反转身将球传给本组的下一个同伴。开始时不加防守，之后加上防守。运球的学生遇到防守学生时急停转身。学生传球以后回到本组队尾。根据口号，改变跨步的方向和运球的方法。转身时以前脚为轴。

传球、转身和抢球：三至五人一组，每组一个球。每组学生站成三角形，彼此距离4～5米。学生将球传给同伴后，然后立刻向他扑去，力图造成争球。接到传球的学生运用反转身保护球。如果在两三秒钟内防守学生未达到目的，则允许同伴自由地将球传出，然后互换职责，继续进行练习。

（五）假动作练习

三人或五人一组，站在距球篮8～10米处，每组一个球。小组中的第一人向上抛球，抛球的力量以球落地后弹到腰部高度为宜，然后接球做假动作，并开始运球、投篮。投篮以后抢篮板球，并将球传给同伴，然后跑至本组末尾。

（六）切进练习

"一传一切"：改进切入和篮下投篮的技术。学生将球传给同伴，然后向篮下疾跑，接回传球后投篮。

　　改进切入技术的练习：三人一组进行练习。练习时，学生不仅应始终注意传球，而且有时传球以后可以运用反转身突然改变跑动方向，向不持球的同伴跑去。后者迎球跑去，继续进行练习。掌握了以上动作以后，做完反转身的学生向球篮跑去，接传球投篮，这时所有人都应去抢篮板球。

# 第二节 足球运动训练

## 一、初中足球基础技术教学

### （一）无球技术

**1. 原地起动**

原地起动指学生在一次激烈对抗后，进入体能调整时，根据场上情况，使自己的身体进入下一轮的跑动中。动作要领：头和肩迅速领先伸出；蹬地并跟随短小步幅跑；前几步保持低重心；用力摆动两臂。

**2. 运动中起动**

运动中起动指学生在身体处于位移的过程中（主要是在走或慢跑），根据场上情况，使自己的身体快速进入比赛节奏所要求的跑动中。动作要领：随时观察场上情况，脚步处于预动状态；用力蹬地并跟随短小步幅跑，依距离加大、加快步幅和步频；接触对手时保持低重心，自然摆动两臂。

起动练习的方法有以下几种：方法一，正面站立起动跑，可采取站立式和半蹲式，听（看）到信号后，迅速起动冲刺2～3米的距离；方法二，背面站立起动跑，听（看）到信号后，迅速转髋起动冲刺2～3米的距离；方法三，侧身站立起动跑，以左右为前进方向进行练习；方法四，坐式起动跑；方法五，坐式背身起动跑；方法六，跳起落地起动跑。

### （二）跑

足球比赛中的"跑"要求学生必须随时能够起动、急跑、急停或减速，并通过扭转、虚晃身体来及时改变运动方向。足球比赛中的跑与田径比赛中的跑的主要不同点在于：田径比赛中"跑"的腾空时间长，而足球比赛中"跑"的腾空时间短。这是因为足球比赛中的跑需要随时改变速度和方向，必须使身体重心降低，并使脚接近地面，双臂的摆动应比正常冲刺跑的幅度小，这样有助于身体平衡及敏捷地调整步法。

**1. 快跑与中速跑**

进行快跑与中速跑时，应依据比赛场上的即时情境，在制造"空当"时，应采取中速跑；在插入对方防守"空当"时，应快跑甚至是冲刺跑。动作要领：保持身体重心稳定；降低前腿及膝的高度；两臂摆动要自然；注意腿的动作速度，避免腾空时间过长。

**2. 冲刺跑**

冲刺跑多用于后场截球后的反击，无球学生此时应选择进攻的最佳空间，快速冲刺到最合理的位置。接应同伴的传球，给对手致命一击。冲刺跑时，身体向前的动力来自蹬地，学生应保持身体的放松，头部不要晃动，摆臂有力但不要紧握双拳，以免引起全身肌肉的紧张。

提高冲刺跑的重要方法是增加步长，但不能因此而降低步频，步幅过大会降低速度，这是因为前腿在身体的前方过远处着地时，会有一个"短停"的阶段。动作要领：保持身体重心稳定；降低前腿及膝的高度；两臂摆动要自然；注意腿的动作速度，避免腾空时间过长；接近对方时，应合理运用手臂摆动，形成有利空间。

**3. 背身起动跑**

练习方法：学生背对跑动方向，听信号后快速转身起动跑。这种练习主要是培养学生快速反应的能力和快速转身起动的能力。练习时听到信号后转身起动要快速，起动要小步幅、高频率。

**4. 侧身交叉步跑**

练习方法：学生侧对跑动方向，跑动时右脚交替从左脚前边和后边侧前跨，落于左脚的外侧前方或后方，以前脚掌落地屈膝支撑，上体自然放松。这种练习主要是提高髋关节的灵活性和下肢的协调性。交叉跑步时的步幅要小，步频要快。髋关节内外转动变化要快，踝关节控制前脚掌着地的落地姿势变化要快。

**5. "S"形弧线跑**

练习方法：慢跑中做"S"形弧线跑动，变向时上体向内倾斜。这种练习主要是提高跑动中调整身体姿势和支撑方法的灵活性与协调能力。练习时注意上体要随跑动路线的改变而左右倾斜。

**6. "Z" 形跑**

练习方法：快速跑动中不断改变跑动方向，使跑动路线呈现"Z"形。这种练习主要是提高学生改变跑动方向的能力和灵活调整支撑步法的能力。练习时注意改变跑动方向前突然停止的步法调整，要以小步幅、快频率方式调整，上身前倾。

**7. 后退跑**

练习方法：学生背对跑动方向，上体前倾含胸，左脚在后，右脚在前，斜线落地支撑。练习时先向左侧斜后方连续侧滑步后退两步，然后右脚后撤转身变换方向，变为左脚在前，右脚在后，向右侧斜后方连续侧滑步后退两步。反复交换后退方向，重复侧滑步后退练习。该练习主要是提高防守后退移动步法的灵活性与身体调整的协调性和灵活性。练习时注意双脚始终保持一前一后斜线滑步后撤，步幅要小，步频要快，上身保持前倾，变换方向时撤步转身要迅速。

**8. 突停突起**

练习方法：学生在跑动中听到信号时应突然停止跑动，再听到信号时应突然起动。该练习主要是提高学生突然起动和突然停止时调整身体位移状态的能力。练习突然停止和突然起动时步幅要小，起动要快，上身要前倾。

**9. 跑动中转身**

练习方法：学生向前慢跑中听到信号后突然转身360°，然后继续向前跑。该练习主要是提高学生的身体协调性、灵活性和快速调整支撑步法的灵活性。练习时注意转身支撑步法调整要快速灵活，重心要稍降低。

**10. 左右跳跨步**

练习方法：在跑动中左右脚交替向左右侧前方跳跨，跳跨时身体腾空，前腿屈膝上摆，上身放松保持平稳。跳跨步幅稍大，落地时屈膝支撑缓冲。这种练习主要是提高下肢的灵活性和协调性，使下肢三大关节及下肢肌肉群得到活动，以免受伤。练习时注意跨跳步法要轻松灵活，富有弹性。

**11. 晃动**

晃动是指上身侧倾及以身体垂直轴为中心的扭转。多数晃动作主要是欺骗对手的重心向一侧移动从而失去平衡，达到突破对方防守的目的。在无球状态下摆脱对手紧盯时也应像有球一样，以肩、腿、髋和臂的虚晃达到欺骗对手的目的。晃动效果在很大程度上取决于急停、起动和转身这些无球技术的熟练程度。稳定性是保证完成上身最大幅度虚晃动作的基础。若稳定性差，假动作的逼真性和多样性就会受到限制。动作要领：抬头注视对手，两臂在两侧自然张开，利用身体的各部位实施晃动。

**12. 跳起撞胸起动跑**

练习方法：两名学生相对站立距离50厘米，听到信号即快速跳起，在空中胸部相撞，落地后转身快速起动跑。练习时胸部相撞要控制好身体重心，落地转身起动要快，动作要协调。

**13. 跳起撞肩起动跑**

练习方法：两名学生侧身而立，距离约一步，听到信号后即快速跳起在空中相撞，落地后转身快速起动跑。两肩相撞时要控制好身体重心，落地转身起动要快，动作要协调。

**（三）保护**

保护有倒地保护和跳起落地倒地保护两种。

**1. 倒地保护**

练习方法：两人一组，用肩以下、肘关节以上部位合理冲撞。倒地时不要硬撑，而要迅速团身、转体、顺势滚动，然后迅速站起。

**2. 跳起落地倒地保护**

练习方法：两人一组，同时跳起模拟做空中争球，落地时身体失去平衡。倒地时不要用手硬撑，而要迅速屈膝、团身、转体、顺势滚动，然后迅速站起。

**（四）跳**

**1. 双足跳**

动作要领：起跳时把身体重量均匀地分布于前脚掌，两脚基本与肩同宽，身体稍向前倾，头不要向前伸得太远，有力地向上甩臂，寻求最佳的屈膝角度以跳得更高。

练习方法：在沙坑里做直腿双脚跳；在沙坑里做屈膝双腿跳；负重直腿跳；在足球场上进行蛙跳练习；团身跳；波浪跳越障碍（足球）。团身跳向上跳时双膝尽可能靠近胸部，双手尽可能抱膝；落地后，身体与地面保持垂直姿势。波浪跳越障碍（足球）时，跨越障碍着地时间要短，保持动作的连续性，障碍之间的距离可随时调整。

**2. 单足跳**

能否在单足跳中准确完成顶球动作或接球动作，与学生的球感密切相关。跑、跳与触球的巧妙衔接，掌握精确的时机非常关键。若想在空中完成一些产生爆发力的身体动作，时机就更为重要。

动作要领：起跳时起跳腿置于身体前，且脚跟先着地，身体稍后倾以协助制动，起跳腿屈膝以便用力蹬地，后腿随屈膝动作摆起，同时两臂用力前上摆，力求全力向上，避免向前。

练习方法：在沙坑里做单腿跳，一组次数不宜过多，一般以10次为宜；随着腿部力量的增强，可以适当增加次数；在沙坑里做两腿交换跳；两腿交换负重跳；在足球场上进行单腿前进跳练习；在足球场上进行两腿交换前进跳练习。

## 二、运球

### （一）熟悉球性练习

**1. 脚底前后移动踩揉球练习**

动作要领：原地站立，支撑脚膝关节微屈，维持身体重心平衡，两臂自然张开保持身体平衡与稳定。踩揉球体画圆时踝关节要保持适度紧张，以确保对足球的控制。

练习方法：练习时先由前脚掌踩球缓慢前推后拉，进而整个脚底的前后踩拉球。

**2. 前脚掌在球顶做画圆揉球练习**

动作要领：原地站立，支撑脚膝关节微屈，维持身体重心平衡，两臂自然张开保持身体平衡与稳定。揉动球体画圆时踝关节要保持适度紧张，以确保对足球的控制。

练习方法：右（左）脚掌轻踩在球的顶部，脚跟稍稍提起，从内向外画圆揉动球体。练习数次后，改为从外向内画圆揉动球体。揉动球体画圆时先小后大，先慢后快，根据动作的熟练程度逐渐提高动作的幅度与速度，要逐渐将眼睛从注视球过渡到用余光看球，甚至不看球，双脚轮流练习。

**3. 脚掌、脚内外侧左右揉球**

动作要领：原地站立，支撑脚膝关节屈曲支撑身体重心，上身略前倾，两臂自然张开维持身体平衡。揉球的踝关节要适当紧张保持脚形，要以踝关节为主，控制球的来回滚动幅度和速度。在动作熟练后，要注意抬头，只用余光看球，动作速度要逐渐加快，动作幅度也要逐渐加大。

练习方法：球在支撑脚的前侧方，运球脚掌轻踩在球的上部，向左右横向来回揉滚球（触球的部位依次是脚掌、脚内侧、脚外侧）。揉滚时踝关节适当紧张保持脚形，始终控制球经过脚掌在脚内侧下缘部位与脚外侧下缘部位之间来回移动。

**4. 脚掌、脚背外侧、脚背正面、脚内侧绕球转动揉球**

动作要领：踝关节要随球滚动绕球转动，运球脚要始终与球相接触，好像球黏在脚上。支撑脚一定要屈膝稳固支撑身体重心，以确保运球脚能够自如地完成动作。两脚交替进行。

练习方法：揉动画圆时，运球脚踝关节随着球滚动内收绕球转动一周，从用脚掌踩拉过渡到用脚背外侧、脚背正面、脚内侧轻拨球。

**5. 脚内侧提拉脚掌停**

动作要领：注意控球脚要始终与球保持接触。提拉球时踝关节要适当紧张以增强踝关节对球的控制力。提拉球时支撑脚要稳固支撑身体重心，以保证控球脚自如地完成技术动作。

练习方法：原地站立，左脚站在球的左前方，右脚用脚内侧部位触球的侧后下部向前上方提拉球，然后用脚掌将球踩住。左脚练习与右脚同。

**6. 脚背正面提拉、脚掌回踩**

动作要领：注意提拉回拖的过程中，脚始终与球黏在一起，踝关节屈伸要协调灵活，运球脚在向前摆时，膝关节要屈曲向前上方摆动，支撑脚要稳固支撑身体重心，保证运球脚自如地完成动作。

练习方法：原地站立，支撑脚屈膝支撑身体重心，球在支撑脚的内侧稍后位置，运球脚屈膝以髋关节为轴向前摆腿，在运球脚前摆过程中，运球脚以脚背正面触球。上提拉球，使球沿脚背正面上部滚动到脚背正面前部直到脚尖部位，然后用脚掌踩在球的上部将球向回拖拉。

**7. 双脚脚掌交替向外踩拉**

动作要领：注意踝关节控制球要精确，脚内侧停球时，踝关节要适当紧张以保持一定的脚形，身体重心随球左右移动，在脚侧停球时稍有停顿，动作速度逐渐加快，动作幅度逐渐加大，逐渐抬头。

练习方法：原地站立，支撑脚屈膝支撑身体重心，控球脚掌踩在球上部向外踩拉球，然后用脚内侧将球停住，随后踩拉球的脚落地改为支撑脚，换另一只脚做脚掌向外踩拉脚内侧停球动作。

**8. 双脚脚外侧交替向外踩拉**

动作要领：练习时注意脚与球始终黏在一起，踝关节适当紧张以保持对球的控制，上身要放松。

练习方法：原地站立，左脚踝关节内翻用左脚外侧触球向外侧横拉踩球脚内侧停球。向外横拉踩球过程中，使脚触球的部位依次是脚外侧、脚掌、脚内侧。然后换右脚进行练习，动作相同，方向相反。

**9. 双脚交替脚掌横拉、脚外侧停**

动作要领：注意控制好踝关节的用力程度和脚外侧停球时踝关节背屈（脚背稍向上抬起，保持一定的触球脚形）的程度。脚背外侧停球时，身体重心移动下落稍有停顿。

练习方法：原地站立，左脚脚掌（向支撑脚一侧）横拉球，当球从脚掌外侧脱离时，左脚顺势用脚背外侧将球停住，身体重心随控球脚拉球而移动。

**10. 双脚交替脚掌横拉、脚内侧停**

动作要领：注意控制好踝关节的动作变化和触球状态，特别注意横拉时身体重心移动要平稳，支撑脚要始终保持屈膝支撑状态，上身前倾。

练习方法：右脚脚掌将球向支撑脚一侧前方横拉，拉球后迅速落地支撑在球的前内侧，脚尖与球滚动方向基本垂直，指向球体，然后换左脚脚内侧将球停住。

**（二）运球（带球跑）技术介绍**

**1. 拨球**

利用踝关节向内侧转动，以到达用脚背内侧或脚背外侧触球，将球拨向身体的前方、侧方和侧后方。

**2. 拉球**

拉球一般是指用脚底将球从前方后拖的动作，或用脚内侧将球由身体右侧拖向左侧和用脚外侧由左侧拖至右侧的动作。向前运球或原地控制球时，当遇对手伸脚抢球时，运球或控球者用拉球动作将球拉向一侧，然后改变球方向以突破对手。

**3. 扣球**

这是运用转身和脚腕急转压扣的动作，以使内侧或外侧部位触球，将球迅速停住或改变方向。用脚背内侧扣球叫里扣，用脚背外侧扣球叫外扣。

**（三）运球（带球跑）技术动作练习方法**

**1. 脚内侧带球跑**

脚内侧带球跑模拟练习：方法一，原地模拟脚内侧带球跑。两脚以略宽于球的距离站立，双膝微屈，做动作时，脚尖稍翘起，感知两脚之间有球在脚的推动下左右移动。方法二，向前移动模拟带球跑。两脚呈外"八"形，做动作时，双膝微屈，脚尖稍翘起，感知两脚之间有球在脚的推动下向前移动。方法三，左右移动模拟脚内侧扣球。

脚内侧带球跑练习：方法一，原地脚内侧敲击球练习。开始时，两脚略宽于球，能控住球时，两脚可适当站开，使球来回运行的距离更长些。方法二，向前移动带球跑。两脚呈外"八"形，做动作时，双膝微屈，脚尖稍翘起，通过两脚内侧推球向前移动。方法三，左右移动脚内侧扣球练习。

**2. 脚背内侧带球跑**

脚背内侧带球跑模拟练习：方法一，反复做脚背内侧带球时的脚形练习。方法二，行进间模拟脚背内侧带球跑。两脚以略宽于球的距离站立，双膝微屈，做动作时，脚背内侧向下紧绷，感知两脚之间有球在脚的推动下前行，先右脚后左脚，注意支撑脚跟上运球脚。

脚背内侧带球跑练习：方法一，原地反复做脚背内侧横向带球跑的练习。方法二，两脚以略宽于球的距离站立，双膝微屈，做动作时，脚背内侧向下紧绷，用左右两脚的脚背内侧推动球向前移动，注意支撑脚跟上运球脚。方法三，脚背内侧"8"字形绕行练习。方法四，脚背内侧、脚内侧直线带球跑练习。

**3. 脚背外侧带球跑**

脚背外侧带球跑模拟练习：方法一，反复做脚背外侧带球时的脚形练习。方法二，两脚以略宽于球的距离站立，双膝微屈，做动作时，脚背外侧向下向内紧绷，感知左右两脚外脚背之间有球在脚的推动下前行，先右脚后左脚，然后左右移动练习，注意支撑脚跟上运球脚。方法三，两脚以略宽于球的距离站立，双膝微屈，做动作时，脚背外侧向下向内紧绷，感知左右两脚外脚背有球在脚的推动下前行，先右脚后左脚，注意支撑脚采取小碎步跟上运球脚。

**4.脚底带球跑**

脚底带球跑一般是指用脚底将球从前方向后拖或向左右拖动的动作。当向前运球或原地控制球，遇对手伸脚抢球时，运球或控球者用拉球动作将球拉向一侧，然后改变球的运动方向以突破对手。

脚底带球跑模拟练习：原地脚底点球练习；原地左右脚脚底向左右拉球练习；原地单脚脚底脚内侧、脚背外侧拖拉球练习。

脚底带球跑练习：脚底向前推球练习；脚底向后拉球练习。

# 第三节　排球运动训练

## 一、初中排球技术教学与训练

### （一）掌握正确的教学训练程序

**1. 目标要求**

应明示练习内容和要达到的标准。例如，每人接发球20次，中间不准失误。这就是给予学生的目标。

**2. 说明**

指出技术的要点，简明扼要地说明重点和注意事项，这是教学取得成功的关键。

**3. 示范**

不仅需要讲解，还需要示范，让学生通过视觉感官去建立实感，把握技术。同时也可以根据实际，做出错误的动作示范，进行正误动作比较，这对纠正错误动作更有利。

**4. 实践**

为了让学生对技术动作充分理解，必须通过实际练习让他们体会要领。运动技能的掌握，仅仅靠大脑的理解是不够的，更重要的是能在大脑中描绘出正确技术的清晰运动表象，然后再通过反复练习，不断体会，逐渐克服不足，最后掌握动作。

**5. 评价**

单一的重复练习不可能完全正确地体验动作和掌握技术，有时甚至会出现错误技术。因此在进行某一阶段的技术练习时，只有达到反映该阶段技术的体验标准和评价尺度，才能进入下一阶段的训练。相反，如果还达不到规定的要求，应查明原因，并寻求解决的方法和手段。

**6. 纠正**

经过评价，如是不满意的结果，应抓住问题，让学生既要明白，又要找出原因，立即纠正不完美的地方。如接发球不到位，其原因是多方面的，有准备姿势的问题，有手臂位置和控制球能力的问题，有判断和移动取位的问题，还有身体用力与手臂协调配合的问题。找出症结所在，进行必要的纠正。

**7. 再实践**

纠正之后，还要再次进行实际动作的操作，从而进一步检查，看其是否纠正了错误，是否真正达到了规定的标准。如还达不到要求，则继续查明原因，并需更加努力，彻底改正错误。另外，在完成一个技术动作的练习时，有时也会因心理原因产生错误。这也同样需要经过纠正—实践—再纠正—再实践的过程。

**8. 调整**

教学训练进入了较高层次后，不能撂下前面学过的东西不管，而应不失时机地进行复习，让学生对学过的技术进行确认和巩固，这也是培养学生提高自信能力的调整练习，对建立"动力定型"非常有益。当防守技术进入较高难度技术，如滚动接球技术的训练阶段时，再返回来进行简单的近距离移动接球练习，学生就会觉得容易、轻松，从而增强了接这种球的勇气和信心。

**9. 最后评价**

总结、检查（反思）：教师在结束训练之前，要对整个训练课情况以及不足之处进行客观的评价和总结。特别是要通过评价和总结让学生明确第二天训练的要求，让学生即使离开了球场，也能在大脑中描绘出训练时的正确影像，在心理上存留良好的后效应，这是优秀教师的教学训练技巧。

**（二）掌握教师必备的技能**

为了保证教学训练效果，教师必须具备给学生供球的技巧，一般称为"排球教师的训练技能"，它包括以下三个方面：能对目标扣出高、低、轻、重等多种变化的球；能为扣球学生做一般的二传，能结合快攻给二传学生抛球；能对接发球学生做准确而有攻击力的发球（包括大力发球和各种变化球）。在训练课上，教师一定要给学生抛球或击球。因此，教师一有机会就应该进行自我练习，不断提高前述三种技能。教师在对学生严格要求的同时，自己绝不能马虎击球，要切记，教师的以身作则和身体力行极其重要。

## 二、初中排球运动的基本技术

### （一）准备姿势

在谈及排球技术的时候，有人提出排球运动最重要的技术是准备姿势，这并非言过其实。因为在排球比赛中，准备姿势是对付场上各种即将发生的事态变化以及运用各项技术所不可或缺的前提和条件，在进行任何一项技术动作之前，都必须首先做好心理和技术上的准备。在排球比赛过程中，任何一个动作的结束都应该是下一个动作的开始——准备姿势，这个姿势的动作质量，将对后续的技术动作产生极大的影响。因此，准备姿势的动作质量以及在场上与其他学生的位置关系，应始终重视并反复练习。

那么，排球运动的准备姿势到底应该是怎样的呢？总体来看，可分为前排学生的准备姿势和后排学生的准备姿势两种。

**1. 前排学生的准备姿势**

学生在前排时，一般应站在离网1~2米的位置。基本姿势应保持两臂稍上抬，手腕与肩平，两脚左右开立，与肩同宽，稍提踵，膝关节微微弯曲，两眼注视对方。

此姿势是在本方发球的时候采用，也就是当本方发的球飞向对方场区后，对方组织进攻，本方准备拦网时所采取的姿势。要求拦网学生的眼睛始终盯着对方学生，并尽快判断出对方的进攻战术及进攻点，然后用最快的速度移动，抢到有利的位置，做好拦网准备。所以，这个准备姿势要能够随时向左右两个方向移动，并能保证完成正确的拦网动作，拦网落地后还要快速地做好下一个动作的准备姿势。

**2. 后排学生的准备姿势**

学生在后排时，两脚开立稍分前后，左右与肩同宽，膝关节深屈；膝盖向前，其投影线应落在脚尖的前面；身体重心放在两足拇指的根部之间，两臂分开置于腹前两侧，肘关节微屈；含胸收腹，腰部用力，下颌微抬，两眼平视前方。

这种姿势是防守对方发球和扣球的最基本姿势，运用时，必须针对对方来球，迅速移动到球的落点位置，并保持良好的接球姿势。

不管是上手传球、接发球，还是防守垫球以及扣球、拦网等，都可以运用这种最基本的准备姿势，也是初学者最初练习时重点掌握的技术。

### （二）移动

在排球比赛中，如果所有的来球都落在人所站的位置上，那么只要做好接球的准备姿势就可以了。但实际上，多数情况是球总是落在别的地方，因此必须向球的落点快速移动去接球，或者移动后去保护其他人接球。可见，只有在快速移动中打球，才能顺利完成击球动作，因此移动也就成了排球技术中最重要的基本动作。移动动作可分为向前、向侧和向后三种技术。

#### 1. 向前移动

在排球比赛中，学生的向前移动不能像田径跑短那样全力向前冲刺，而必须是有目的地去接球，要求迅速插到球的下方。这是一种较复杂的技术，而这种技术的脚步移动和插入球下的身体姿势非常重要。

前移跪地式：从准备姿势开始，向球的落点方向冲刺，同时要逐渐降低身体重心，并将手臂压低；接近球的最后一步要加大步幅，后腿快速蹬地，然后随着重心的前移单腿跪地。

前移滚动式：当身体向前迅速移动到低球的下方时，前腿向前跨出一大步，后腿膝关节弯曲；传球后，臀部和背部依次着地向后滚动。如果学会了这个技术，可以传一些低球，也可以做背传，这对二传手来说相当重要，应掌握并反复练习。

前扑倒地救球：如果球较低，落点又在前方较远的地方时，很难移动到球的下方。这时，要利用蹬腿的力量使身体快速前冲，像棒球学生前扑滑垒一样向远处球的落点位置扑去，用双手或单手将球垫起。在救球的同时，手臂应顺势撑地，屈肘缓冲，用胸部或体侧着地。

前扑鱼跃救球：有些来球，即使用前扑动作也难以救起，对这些球可采用鱼跃救球技术。即快速蹬地向前跃起，在空中用双手或单手把球救起，然后用手撑地，屈肘缓冲，再用胸部、腹部依次着地，向前滑行。这种技术是向前移动救球的最高难技术，也是排球运动很重要的一项防守技术。

#### 2. 向侧移动

对于落在左右两侧方向的球，身体应向着球的落点用全力疾跑、交叉步、侧滑步和移动四种方法来救球。

全力疾跑及制动技术：当来球落向身体侧方很远的地方时，应该向着球的方向全力奔跑，并采取各种有效的办法处理球（将球救回）。此时的制动技术非常重要，在全力疾跑的最后几步，应该是一边跑动，一边降低身体重心，同时要跨出两三步大步，在膝关节不弯曲的情况下，一脚向侧方踏出，用脚外侧着地，用力制动，并以脚为轴转动身体，另一脚随身体的转动向侧迈出，用脚内侧着地完成制动，利用手臂处理球。这种全力疾跑和制动以及转动的脚步动作，要反复练习，多次体会。

交叉步及制动技术：当来球在身体侧方稍远处下落时，可采用交叉步的移动方法。即向侧方做交叉步跑动，脚不用变化方向制动，只要将交叉步的最后一步加大跨出，同时降低身体重心进行制动即可。

侧滑步及制动技术：当来球落在身体侧方较近处时，可采用侧滑步的移动方法。以向右侧移动为例，右脚向右侧跨出一步，然后左脚也随之向右侧靠拢并步，可根据情况做一步或多步的侧滑步移动。移动速度过快时，应在停止移动前的最后一步做一个交叉步进行制动。

以上三种移动技术，要根据球的远近和下落的速度以及自己身体姿势和位置的不同而灵活采用，但这三种技术都必须熟练掌握。

移动后的滚动救球技术：用上述三种脚步侧向移动后，为救起即将落地的球，一般运用滚动技术。当移动到距离球只有一步远时，要向身体的斜前方跨出一大步，膝关节全屈，脚用力蹬地，跨出腿的外侧沿地板向斜前方蹬出。两手臂伸出击球后，以肩部先着地，向侧滚翻，并快速起身，做好下面接球动作的准备。

需要注意的是，在向侧前方用力蹬腿时，臀部要尽量向前落地。如能掌握这种技术，会扩大防守范围，提高救球效果。

### 3. 向后移动

如果来球落向自己的正后方，可用向右转身全力疾跑的方法。当球落在斜后方时，可用扭转上体（侧身）移动的方法、后退步的方法等。

向右转身的移动技术：从准备姿势开始，向右转身全速向后方球的落点位置疾跑，到球的落点位置时再向左转身回正位。

扭转上体的移动技术：当球落向身体的斜后方时，只扭转上体，向球的落点位置全速移动。

后退步移动技术：当球落向身体后方较近时，保持低姿势向后退步移动。

## （三）双手垫球技术

一般对下落较低、力量较大、低于腰部以下的大力球，采用双手垫球技术。其方法是：双手并拢，手指和手腕伸出，两手手掌重叠，两大拇指靠拢，双手互抱（一只手握拳，另一只手的手掌放在其外抱紧）。

从准备姿势到立即完成这个动作接球，必须迅速地直接到位，所以学生要体会适合自己特点的技术动作。击球部位应该是手腕以上约10厘米的小臂内侧面；肘关节不能弯曲，两手臂夹紧，置于身体正面两膝关节前边；接球瞬间，根据来球速度的不同，手臂动作要有所变化。对速度较慢的来球，应利用蹬腿伸展的力量将球送出；如果来球速度较快，手臂要在身体前边肘关节处夹紧迎球，并向后引臂以缓冲球的力量；接很低的来球时，要稍稍翘腕。总之，不管在什么情况下，手臂的动作都不要摆幅太大。

在双手垫球时，触球的角度和回球的方向及弧度都由入射角和反射角的规律所决定。因此，根据入射角的方向，正对身体和手臂的角度是十分重要的。这就要求首先熟练掌握正面双手垫球技术，然后学习向前移动垫球，逐步过渡到左右移动垫球、左右移动滚动垫球和向后移动垫球等技术。

### 1. 向前移动的双手垫球技术

当球落在身体前方不能用上手传球处理时，要尽量保持低姿势快速向前移动到球的下方垫球。向前移动时要用普通步幅，当手臂触球时，两脚开立，垫球后马上恢复到原来的准备姿势。

另外，当球在身体前方较低的位置突然下落，用上述接球的方法已来不及的情况下，可利用潜入式的脚步移动，采取前扑救球或鱼跃救球的方法做垫球，垫球后千万不要忘记马上回到原来的准备姿势。

### 2. 向左右方向移动的双手垫球技术

从准备姿势开始向在身体左右方向落下的低球进行移动时，一般有两种脚步：离身体较近的球，可采用2～3步的侧滑步进行移动；球的落点离身体较远时，可采用交叉步的移动方法。当移动到球的落点时，外侧脚向侧前方跨出一步正对垫球方向。

### 3. 向后移动垫球技术

当球的落点在身体后面时，如果离身体较远，应快速转身并全速追球，采用背垫技术，也可以侧身移动，边退边垫球。如果球的落点离身体较近，可采用快速后撤步的移动方法，将球的落点让出，使其保持在体前。如球速快，可提高身体重心，把身体充分展开，将手臂放在胸前，用跳垫的办法将球垫出。如球下落较低时，一定要深屈膝，以保持身体在低姿势下垫球。

**4. 挡球技术**

当来球的飞行速度快、落点高，用上手传球显然力量不够时，可用双手垫球时的两手合掌并拢的动作背击挡球。动作要领：两臂抬起，两手的小拇指外侧朝向来球将球击起，这种方法称为并掌挡球。

**（四）单手垫球技术**

排球比赛接球的目的是准确送球到位，所以要尽可能采用上手传球或双手垫球动作。但是，如果来球飞得太远，有时很难用这些方法接球，此刻也只能采用简捷快速的单手垫球方法，它比双手垫球范围大，所以必须掌握。单手垫球可用前臂内侧、掌根、虎口等部位垫击落向两侧的球，也可用掌背、虎口等部位垫击落在前面的低球。

运用单手垫球可用各种移动步法接近球，如球飞向右侧，则右脚跨出一步，上体向右倾斜，右臂伸直，自右后方向前摆动，用适当的手形击球。

**（五）上手传球技术**

由于排球规则的修改，放宽了接球中的传球尺度，为传球技术的运用提供了更多的机会，因此，除了低于腰部的大力来球外，其他一切能用上手传球的球应尽可能用上手传。

上手传球的准备姿势是：两肘稍稍抬起，将手腕放在与肩平行的位置，两脚前后开立，左右与肩同宽，膝关节微屈，脚跟提起，全身保持易动的姿势。

击球前，身体对正来球，双手放在前额上方，两手手指尽量张开，微屈成半球形，食指和大拇指形成三角形，从两手中间观察球，两肘和前臂以"八"字形分开（肘关节不要过分外展），球击于拇指和食指中间，由拇指、食指和中指用力，无名指和小指控制方向，不得用手指的第二关节以下部位或手掌触球。

击球用力时，迎球要充分，注意手腕放松，用手指的弹力和肘关节的屈伸以及肩关节、膝关节、腰部的协调动作缓冲来球，然后利用缓冲的反作用加上全身力量（特别是手腕的抖动和膝关节的蹬伸）将球送出。注意双眼注视着球。

在快速来球时，手和球之间的冲击力较大，手指容易挫伤。因此为缓冲球速，在触球时要注意手臂在脸前方的后引动作，不仅要利用肘关节、手腕、手指动作，还要利用全身动作缓冲，特别是膝关节的屈伸和腰部的上下移动。

在学习上手传球的初期，不要使用对传的方法练习，而应让学生认真体会如何充分利用身体动作缓冲来球以及怎样利用缓冲的反作用力将球送出。对于接球的时机、方法和利用缓冲的反作用力击球等，要不断加以改进和掌握，然后才能真正进入上手传球的练习过程。这里必须注意的是，在缓冲来球时，很容易出现身体力量用得过分的现象，为了克服这个缺点，在进入传球练习之前要做一些抛球活动。抛球活动的方法是，用手指力量将球投出，接球者要用上手传球时的身体姿势和手形，利用屈膝和收肘动作缓冲来球并接住，然后再用这种姿势把球投回。投球时尽量用蹬腿、伸膝、展体、抖腕等动作将球传出，反复练习。练习时要注意身体保持前倾的姿势，两脚开立，一只脚在前，另一只脚在斜后方，尽量不要平行站立。从上述练习逐渐过渡到上手传球的两人对传，随着技术的提高，逐步拉开两人之间的距离，向长距离（相距9米的两人对传）和高上方的传球，或者要求具有一定速度的传球等过渡，从而使技术得到进一步提高。学习上手传球的第二阶段，就是要做各种移动的传球练习，包括向前移动传球、潜入传球、左右移动传球、背传球、跳起传球等。

**1. 向前移动传球技术**

当来球速度较快时，接球者从准备姿势开始，准确判断球的落点，全力冲刺向前移动，在逐渐降低身体重心的同时抢到球的落点下方，做好上手传球的姿势。传球后身体自然向前移动两三步，然后恢复传球的基本姿势，利用后撤步退到原来的位置，并做好接下一个球的准备。

**2. 潜入传球技术**

当来球较缓慢地落在接球者前方时，要利用快速的脚步动作移动到球的下方，再利用充分的伸展腰部动作把球传向前上方。这里需要注意的是，传球者应当尽量保持潜入球下方时的身体姿势，尽可能让球接近身体后再传球，然后返回到原位。

**3. 左右移动传球技术**

从准备姿势开始，根据来球特性，利用三种脚步动作中的任何一种向侧方移动。制动时，要把外侧脚向外旋转，身体正对传球方向，把球充分后引，利用手臂和膝部的伸展动作进行传球。传球后，用低姿势迅速回到原来的位置。

### 4. 背传球技术

传球不仅仅向前上方传，向后方传球的情况也是常有的，这就叫背传。动作要领：用右转身全力疾跑，或侧身移动，或背对传球方向用低姿势后撤步方法，将球的落点位置抢到。利用展体伸膝和肩部充分后仰的动作，把球向后上方传出。

### 5. 跳起传球技术

对从高处下落的来球进行上手传球时，应从低姿势跳起在空中最高点传球，这种技术非常重要。传球时首先要迅速移动到球的落点位置，降低身体重心，做好起跳的准备姿势，掌握时机起跳，当跳到空中最高点时，用上手传球动作做传球，要注意手腕和肘的用力方法。同时，膝关节稍屈，脚尖勾起，尽量不要采用伸腿的方法腾空。

## 三、排球训练的科学原理

### （一）练习与训练

在对体育运动和身体素质的研究还不发达的时期，"练习"一词既指技术练习，也有对身体素质训练的含义。中华人民共和国成立后，我国开始强调对学生全面身体素质的训练，现在又提出了全民健身战略。随着对体育运动和身体训练的科学研究逐步深化，目前已经把"练习"和"训练"两个词分开使用了。排球运动中的"练习"主要指对发球、传球、二传、扣球、拦网、垫球等技能的掌握，而"训练"则是要把这些技能练得更加精确，更加快速，更加熟练，更加实用，并针对这些技能所需要的肌肉力量、灵敏、耐力、柔韧、调整力等身体素质给予有效的强化。

尽管"练习"与"训练"两者的手段和效果存在许多共性，特别是对初中学生，很多技术练习对身体素质的作用很大，但如果反复地进行技术练习，其对身体素质训练的效果就会逐渐降低。

### 1. 提高身体素质

根据不同的技术类别，在特定的条件下进行大负荷的反复练习"训练"。随着学生技术的不断提高，那些普遍的、一般性的练习则不能成为继续提高身体素质的必要条件。

**2. 身体素质的种类不同**

提高身体素质的条件不同，有的可以通过技术练习达到弥补或提高，有的则难以通过技术练习得到实质性的发展。在排球运动中，像灵敏性、调整力、耐力等可以通过技术练习达到弥补和提高，而肌肉力量和柔韧性等则不易通过技术练习得到相应的发展。

**3. 技术练习的成果是半永久性的**

儿童学会了骑自行车，即使以后不再骑车也能终生不忘。但训练成果（身体素质的提高）却能随着训练负荷的下降而退缩。这说明"练习"与"训练"有着很大区别，因此，训练应该与练习同步进行，贯穿在全年的训练计划中。

**（二）适应与训练**

适应是生物体随环境的变化而改变自己生理机能的自然特性，这种现象是生物维持生存的一种基本能力。

从广义上讲，人体承受与日常生活所不同的运动负荷刺激，也属于客观环境的改变。人体对运动负荷刺激的适应规律大致如下：承受运动负荷刺激后，体力将呈现一时性的下降，经过适当的调整、休息和营养补充后，体力会很好地得到恢复，并且超过运动训练前的水平，这种现象称为"超量恢复"。在一定范围内，运动训练负荷量越大，则运动后的恢复水平就越高，但如果在其后停止运动训练的话，体力又会逐渐退化到运动训练前的水平。

在运动训练过程中，只有掌握好的训练和休息的交替过程，才能使超量恢复不断积累，从而促进体力的不断提高。

如果一次训练和下一次训练的间隔时间过长，会使体力的提高与退化变成"锯齿型"，即使一直连续地长期训练下去，也不会收到应有的训练效果。

如果训练后没有等到体力完全恢复就又进行下一次训练，则使体力的变化呈"下台阶型"状态。长期如此训练下去，将会使疲劳积累，体力减退，造成"过度训练"。在运动训练中，运动、休息和营养的平衡非常重要，只有保持这种平衡关系，经过长期的合理的运动训练，才能取得较好的训练效果。

# 参 考 文 献

［1］吕兵文.体育教育与梦想同行［M］.北京：中国社会出版社，2020.

［2］黄武胜.体育训练与运动心理学研究［M］.北京：中国商务出版社，2019.

［3］陆冬冬.初中体育短跑训练分析［J］.田径，2020（9）：16-17.

［4］彭国新.初中体育课程长跑的训练方法［J］.田径，2020（9）：22-23.

［5］王海宁.初中体育教学的中长跑训练教学方法思考［J］.田径，2020
（9）：23-24.

［6］谢国良.浅谈初中体育立定跳远的教学与训练［J］.田径，2020（9）：
27-28.

［7］蔡伟.初中体育足球体能训练研究［J］.田径，2020（9）：29-30.

［8］陈宏飞.提高初中生掷实心球成绩的教学思考［J］.田径，2020（9）：
38-39.

［9］王心.初中体育青少年足球训练策略［J］.科技风，2020（14）：262.

［10］查学娟.初中体育教学田径训练强度与训练量的研究［J］.田径，2020
（5）：4-5.

［11］嵇进军.拓展训练在初中体育教学中的实践研究［J］.中国农村教育，
2020（2）：69.

［12］徐敬国.初中体育教学中素质拓展训练的应用［J］.当代体育科技，
2020，10（1）：145-146.

［13］李彬彬.体育教学中运动负荷对初中学生心理健康的影响研究［D］.济
南：济南大学，2019.

［14］宁静.体育游戏教学法在初中体育教学中的对照研究［D］.太原：山西大学，2019.

［15］张云瑞.PDCA循环下"国培计划"体育教师培训优化研究［D］.开封：河南大学，2019.